Horst Kammrad
Düppeler Geschichten 1945–1960

Horst Kammrad

Düppeler Geschichten

1945–1960

arani

CIP-Titelaufnahme der Deutschen Bibliothek
Kammrad, Horst:
Düppeler Geschichten 1945–1960 / Horst Kammrad. – 1. Auflage. –
Berlin: arani, 1990
ISBN 3-7605-8622-8
NE: Kammrad, Horst: [Sammlung]

Titelbild: Das Gutshaus Düppel, das Prinz Friedrich-Karl von Preußen, ein Enkel der Königin Luise, um die Mitte des vorigen Jahrhunderts für sein Rittergut in der heute noch bestehenden Form umbauen ließ.

Umschlag- und Einbandgestaltung von Hauke Sturm

Printed in Germany
Satz: IBV Satz- und Datentechnik GmbH, Berlin
Druck: Druckhaus Langenscheidt KG, Berlin
Bindearbeiten: Heinz Stein, Berlin
Auflagenbezeichnung (letzte Ziffern maßgebend)
Auflage: 5 4 3 2 1
Jahr: 1994 93 92 91 90

Die Kinder tut der Iwan nischt

Der Hunger war viel größer als die Angst. Natürlich hatte auch Gerhard Kramer ein seltsam ziehendes und drückendes Gefühl im Bauch, das nicht nur von seinem ständig leeren Magen herrührte, als er sich in einer Maiennacht des Jahres 1945 einem sowjetischen Militärlager näherte. Das Unternehmen war riskanter als alles, was er bisher vollbracht hatte, und das war eine ganze Menge. Aber die Bestie Hunger, die ihnen allen in jenen Tagen stark zusetzte, rechtfertigte seiner Meinung nach diese gewagte Aktion.

Gerhard konnte auf alles verzichten, auf anständige Kleidung, auf das tägliche Waschen und auf seine gesamte Schulbildung. Aufs Essen nicht.

Den in und um Düppel lagernden sowjetischen Soldaten gegenüber war er im Vorteil. Schließlich kannte er hier jeden Baum, jeden Strauch, jeden Zaun. Er behauptete sogar, jeden größeren Stein zu kennen zwischen der ausgedehnten Laubenkolonie, dem ehemaligen Rittergut und den weißgetünchten Gebäuden des SA-Reitstalls am Königsweg. Die hellen Umrisse der Bauten waren deutlich zu sehen, weil auf dem freien Gelände zwischen dem Düppeler Wäldchen und den Ställen mehrere Feuer brannten. Viele sowjetische Soldaten hockten um die Feuer herum. Bis in die Nacht hinein sangen sie ihre Lieder, die mal lustig und übermütig, mal sehr schwermütig klangen.

Dem fünfzehnjährigen Jungen kam dieser Singsang sehr gelegen. Er konnte sich dem Lager unbemerkt nähern, bis er endlich am Waldrand auf dem Bauch lag. Zwischen den letzten Bäumen standen die Zugpferde in mehreren Reihen. Die kleineren Panje-Pferde, ausdauernd und zäh, und die größeren, kräftiger wirkenden Pferde hatten entweder einen sehr langen Weg hinter sich gebracht, den Weg, den einst auch Napoleons geschlagene Reiter nahmen, oder die Rote Armee hatte sie während der Kämpfe irgendwo zwischen der sowjetischen Grenze und Berlin konfisziert.

Das letzte stämmige Pferd in der hinteren Reihe, das etwas im Schatten einiger abgestellter Wagen stand, war Gerhards Ziel. Ihm war klar, daß die Angelegenheit jetzt erst richtig schwierig und gefährlich wurde. Er mußte das Pferd, das er »erbeuten« wollte, abschneiden und unbemerkt bis zum Bahnübergang bringen. Noch vor der Einfahrt zur Kolonie warteten sein Vater, Onkel Otto und Nachbar Laube.

Letzterer sah die Sache als durchaus vertretbar an, auch wenn er hier als Alt-Kommunist in der Dunkelheit auf ein der Sowjetarmee geklautes Pferd wartete, um es – hungerleidend wie er war – zu schlachten. Erstens hatten die russischen Genossen, wie er sie nannte, den Krieg gewonnen und brauchten daher nicht mehr so viele Pferde, zweitens hatte ihm ein sowjetischer Unteroffizier ein paar gutgepflegte langschäftige Lederstiefel weggenommen. Dafür hatte er die völlig ab- und ausgetretenen Knobelbecher des Soldaten bekommen, die er nun allenfalls als Andenken an einen Russen, der nicht einmal ein altes kommunistisches Parteibuch anerkennen wollte, der ihn sogar »Nazi« genannt hatte, in seinem Schuppen aufhängen konnte.

Wenn jemand gefragt hätte, warum die drei Männer das Pferd nicht selbst holten, sondern den Jungen in dieses gefahrvolle Abenteuer schickten, sie hätten wohl alle drei geantwortet: »Wir ollen Knochen? Nee, wenn das einer schafft, dann der Bengel. Der ist mit allen Wassern gewaschen.«

Doch soweit war Gerhard noch nicht. Er lag mit dem

Bauch im modernden Laub und lauschte angestrengt nach allen Seiten. Er wußte, daß es nicht so ein Indianerspiel war wie vor ein paar Jahren noch mit den lächerlichen Haufen zackiger Hitlerjungen. Was war, wenn plötzlich aus der Dunkelheit ein Posten auftauchte und »Stoj!« rief, wenn das Pferd wieherte, wenn er auf trockne Äste trat? Ob die wohl gleich schießen würden?

Seine Mutter hatte zwar noch am Abend mit felsenfester Überzeugung erklärt: »Die Kinder tut der Iwan nischt! Da sind die richtich jutmütich.« Aber ein Kind, das ein Militärpferd klaut? Und war er denn überhaupt noch ein Kind? Gerhard kamen jetzt tausend Gedanken. Doch dann dachte er an jenen Abend, als ein älterer russischer Soldat ihn wirklich so behandelt hatte, als wäre er noch ein Kind.

Vor drei Tagen hatte er den ganzen Nachmittag mit anderen Kindern und Jugendlichen in Düppel vor dem Hoftor zwischen der großen hölzernen Reithalle und den Pferdeställen herumgelungert. Eine Zeitlang sahen sie dem Wachtposten zu, der neben der Hofeinfahrt auf einem Stuhl aus Frau Gutschkes Wohnzimmer saß.

Nun, Frau Gutschke hatte großes Glück, daß ihr und der Wohnung nicht mehr passiert war, als die Russen sie durchsuchten. Zum ersten Mal in ihrem Leben war Alwine völlig sprachlos, als ein Offizier und zwei Soldaten das Zimmer ihres Sohnes Alfred durchstöberten und mehrmals das Wort »Nazi!« riefen. Dann kam Alfreds SA-Uniform ins Wohnzimmer geflogen, danach ein Hitler-Bild in Farbe und mehrere Fotos, die Alfred Gutschke in der kackgelben Uniform der Elitedivision »Feldherrnhalle« zeigten. Zeitungen und weitere Kleidungsstücke folgten. Frau Gutschke dachte immer nur: Daß ich an das Zimmer des Jungen nicht gedacht habe! Ein Glück nur, daß die beiden Männer nicht hier sind, sonst... Alwine mußte alles draußen im Vorgarten auf einen Haufen legen, das Papier unter den übrigen Kram. Der Offizier hatte dann ein Streichholz an den Haufen gehalten. Und weil Alfreds Sachen nicht richtig brennen wollten, holten sie noch ein paar Stühle aus dem Haus, zerschlugen sie und brachten das Feuer damit richtig schön zum Lodern. Den bequemsten, den gepolsterten Stuhl mit den zwei Seitenlehnen, in dem der alte Gutschke so gerne gesessen hatte, nahm einer der Soldaten mit, als sie endlich gingen.

Auf diesem Stuhl also saß der Wachtposten, die Maschinenpistole im Schoß. Vor ihm, auf einem Hocker, stand ein Koffergrammophon mit aufgeklapptem Deckel. Eines der Kinder durfte den Kasten mit einer Kurbel aufziehen. Das reichte immer zum Abspielen einer Schallplatte. Gerhard wurde das bald zu langweilig, denn der Soldat hatt nur eine einzige Platte. Es war das Lied von der Krummen Lanke, vorgetragen von Freddy Sieg. Er ließ es immer wieder abdudeln mit ein und derselben Nadel. So war in Düppel an dem Spätnachmittag bald nur noch ein heiseres Gekrächze zu vernehmen, das keinerlei Ähnlichkeit mehr hatte mit der humorvollen Ballade von Liebesglück und Eheleid.

Nee, dachte Gerhard, da jefällt mir ja die schrille Stimme von der ollen Gutschken besser. Und er war in einem der vorderen Pferdeställe verschwunden. Jede Ecke war ihm vertraut, schließlich war sein Vater hier viele Jahre lang Pferdepfleger gewesen, bevor aus der »Deutschen Reitschule« die »Reichsreiterführerschule der SA« wurde. Obwohl er sehr vorsichtig über den langen Gang zwischen den einzelnen Boxen schlich, um Ausschau zu halten nach irgendwelchen Dingen, die er eventuell gebrauchen konnte, hatte ihn plötzlich ein russischer Soldat am Kragen. Ein Gesicht wie aus Leder sah ihn böse an. Der Soldat redete in gebrochenem Deutsch auf ihn ein und wollte wissen, warum er hier umherschlich. »Bist du Spion? Saboteur? Nazifaschist?«

Ängstlich schüttelte Gerhard den Kopf. »Nix Spion, nix Nazi! Ich nur Hunger!« Er führte die Hand zum Mund, machte Kaubewegungen, tippte dann auf seinen Bauch: »Hunger! Essen!«

Als der Soldat ihn grob von sich stieß, um ihn in die hintere Ecke einer leeren Pferdebox in das Stroh zu werfen, wurde Gerhard schlecht vor Angst und Zweifel, ob er hier ungeschoren herauskommen würde. Sicher kam der Soldat gleich mit einem Offizier zurück, und dann... Was war dann? Das mindeste, was er zu erwarten hatte, war, daß sie ihn verprügelten und dann einsperrten. Verprügelt werden ist zwar schlimm, überlegte er, aber wenn sie dich danach einsperren, dann müssen sie dir auch was zu Essen geben. Aber wenn sie ihn nicht nur verprügelten und einsperrten, sondern...? Wenn sie ihn sogar nach Sibirien schickten oder vielleicht als Spion... erschossen?

Gerade war er entschlossen, die Box auf allen vieren kriechend zu verlassen, um den hinteren Stallausgang zu erreichen, als der Soldat zurückkam, ohne Offizier. Dann warf er dem Jungen ein ganzes schwarzes Brot und ein ansehnliches Stück durchwachsenen Speck zu. Sogar ein Messer mit einem kurzen, abgenutzten Griff und einer um so längeren, oft geschliffenen Klinge folgte. Es war wohl Gerhards verwunderter Blick und sein dumm fragendes Gesicht, das den Soldaten grinsen ließ. Sein wettergegerbtes Gesicht legte sich in unzählige Falten. Und als Gerhard hungrig das erste Stück vom Speck absäbelte, um es sogleich gierig zu verschlingen, lehnte sich der Soldat gegen die Trennwand der Box. Er schob das braune Käppi nach hinten und zündete mit einer Art Sturmfeuerzeug seine Papirossa an. Rauchend sah er zu, wie der

Junge mit den weizenblonden Haaren abwechselnd Brot und Speck verzehrte. Doch immer wieder warf der Soldat einen Blick zur vorderen Stalltür hinüber. Wahrscheinlich fürchtete er Ärger zu bekommen mit seinen Vorgesetzten, weil er hier im Stall einen deutschen Jungen mit Lebensmitteln versorgte, die sie selbst dringend benötigten. Vielleicht gehörte gerade der Junge noch vor wenigen Tagen einer dieser Werwolf-Gruppen an, diesen Hitlerjungen, die mit den letzten Panzerfäusten auf die vorrückenden sowjetischen Panzer geschossen hatten. Aber vielleicht war er nichts weiter als nur ein Junge, der Hunger hatte.

Als der Soldat endlich zur Stalltür ging und auf den dunklen Hof hinaustrat, griff Gerhard die Reste an Brot und Speck, schob das Messer flink in seine Hose und verließ den Stall durch die hintere Tür. Ein paar lange Sprünge über hohe Misthaufen, und er war zwischen den Büschen verschwunden. Und weil er annahm, daß gleich sämtliche Russen nach ihm suchen würden, wo er doch das Messer geklaut hatte, lief er erst an der Düppeler Reitkoppel entlang in Richtung Wannseebahn, überquerte ganz hinten den Königsweg und umging so die Düppeler Häuser in einem großen Bogen. Speck hatte er ja nicht mehr viel, aber Brot. Und seine Leute in der Laubenkolonie hatten ja auch Hunger.

Das war drei Tage her. Und jetzt, kurz vor Mitternacht? Ein ganzes Pferd. Eine Menge Fleisch, eine riesige Menge Fleisch sogar. Er glaubte den Braten jetzt schon zu riechen, worauf ihm das Wasser im Mund zusammenlief. Pferdefleisch, das kannte er aus den letzten Kriegsjahren, und er wußte, daß es immer ein bißchen süßlich schmeckte. Nun zog er das russische Messer aus seiner kurzen Hose. Seine Mutter hatte lautstark protestiert, als er sich einfach ein altes Stück Leinen seitlich auf die Hose genäht hatte, sozusagen als Messerfutteral.

»Mensch, Bengel, biste denn bekloppt? Damit siehste aus wie'n Wilder, der wo durch'n Urwald schleichen tut! Wenn die Iwans det Messer wiedererkennen, nehmen die dir jleich mit.«

»Denkste, ick will mir damit pieken?« hatte Gerhard erwidert. »So'n jutet Messer haste nich mal im Küchenschrank.«

Jetzt schnitt er damit die Verbindung zu dem langen Halteseil durch. Er griff das verbliebene Stück Leine und führte das leise schnaufende Pferd nach hinten in den Wald. »Immer schön ruhich, du oller Zosse, verstanden? Noch tut dir ja keener wat.«

Das plötzliche »Stoj!«, das er jeden Augenblick erwartet hatte, blieb aus. Der Waldboden dämpfte die Geräusche. Und als die Pferdehufe über den gepflasterten Bahnübergang klapperten, waren sie schon weit entfernt von dem Lager der Soldaten, wo die Gesänge verstummt und die Feuer heruntergebrannt waren.

Am nächsten Morgen existierte das Pferd nicht mehr. Die Pferdehaut und die nicht verwendbaren Innereien lagen tief in der Erde. Das Fleisch war verteilt, und einiges davon schmorte in den Töpfen. Elisabeth ärgerte sich noch ein paar Tage darüber, daß Nachbar Laube genauso viel von dem Fleisch bekommen hatte wie die anderen.

»Jlatt den Arsch wegschießen können hätten die Iwans unsern Bengel in die dustere Nacht da! Und wat hat Laube dazu jetan, he? In bißchen mitjeschlachtet hat der. Überhaupt, wie so'n Überzeuchter seine Jesinnungsjenossen die Jäule wegfressen kann, det wundert mir aber.«

»Die Gesinnung geht genauso durch den Magen wie die Liebe, Lisbeth«, meinte ihr Bruder Otto. »Denk mal dran, wie viele Sozialdemokraten und Kommunisten damals vor dreiunddreißig zur SA rübergewechselt sind, die meisten doch nur, weil sie nichts im Magen hatten. Wer weiß, wem wir noch alles in den Hintern kriechen müssen, damit wir endlich richtig satt werden. Was für meine kaputte Lunge am besten wäre, das ist eigentlich Hundefleisch.«

»Hunde ham die Russen nich mitjebracht«, sagte Elisabeth trocken zu ihrem Bruder. »Und hier in die Kolonie hat keener mehr 'n Köter. Ick möchte nich wissen, wo die Gladschicken ihre braune Töle jeblieben ist, die nachts immer so ville jekläfft hat. Eenen natürlichen Tod hat der Köter bestimmt nich jefunden. Wat ick jetzt ville nötijer hätte, det wär' een anständijer Jlimmstengel!«

»Kannst noch von meinem Eigenbau haben.«

Elisabeth winkte ab. »Ick hab den janzen Krieg überlebt und soll jetzt an deinen ollen Stinkadoris zujrunde jehn, wat? Aber wir ham ja nischt anderet.«

Davon wußten wir nichts

Übersah man die kläglichen Reste der Flak-Stellungen links und rechts der Stammbahn, die den Bewohnern der Laubenkolonie in den letzten Kriegsjahren während der Bombenangriffe den trügerischen Eindruck vermittelt hatten, daß von unten auch zurückgeschossen wurde, und übersah man das während der letzten Kampfhandlungen stark beschädigte Haus des Zellenleiters Schmidt, dann konnte man glauben, der Krieg habe einen großen Bogen um die Gegend von Düppel gemacht. Personen- oder Güterzüge verkehrten zur Zeit noch nicht auf der Eisenbahnstrecke Berlin–Potsdam. Von den beiden Schienensträngen war nur noch einer übriggeblieben. Das zweite Gleis war von mehreren Trupps, die sich aus Eisenbahnern und registrierten Nazis zusammensetzten, unter sowjetischer Aufsicht abmontiert worden. Und sonst hieß die Parole hier draußen: Hungern und abwarten!

Die Stadt Berlin dagegen war zum größten Trümmerfeld der Welt geworden. In den meisten Bezirken gab es kein Wasser, keinen Strom, kein Gas und keine Lebensmittel. Hitler und seine Konsorten hatten nicht nur bis zur letzten Patrone, sondern auch bis zur letzten Schrippe kämpfen lassen. Die Hälfte aller Gebäude im Berliner Raum war total zerstört, viele andere kaum noch bewohnbar.

Jetzt wurden in der Laubenkolonie an der Andréezeile auch die kleineren, früher nur als Sommerlauben gedachten Bretterbuden zum Wohnen benutzt. Hinzu kam, daß man hier an Ort und Stelle seine kostbar gewordenen Obstbäume und Gemüsebeete besser gegen die vielen Diebe bewachen konnte. Und Brennholz holte man sich aus den nahen Wäldern. Hühner, Enten und Kaninchen gab es beinahe in jeder Parzelle.

Während die hungernden Menschen in der Stadt die Müllhaufen durchwühlten und in den Kellern der zerstörten Häusern nach Lebensmitteln suchten, wo selbt Kartoffelschalen eine Delikatesse wurden, gab es in der Laubenkolonie und in den Düppeler Gutshäusern schon mal ein Hühnerei, einen Karnickelbraten und bald auch die ersten Radieschen, Mohrrüben, Beeren, Kirschen oder Frühkartoffeln. Wer noch Rote Bete und andere Rüben vom Vorjahr besaß, war zu beneiden, sie ließen sich zu Suppe, Salat oder zu Brotaufstrich verarbeiten.

Elisabeth Kramer schmorte die Rübenscheiben sogar als Schnitzel in der Pfanne, allerdings mit einem Minimum an Fett, denn Fett, Brot, Milch, Mehl und andere wichtige Lebensmittel blieben lange Mangelwaren. Da waren auch die zwei Millionen Lebensmittelkarten, die der sowjetische Stadtkommandant von Berlin, Generaloberst Bersarin, drukken und verteilen ließ, kaum mehr als ihren Namen wert.

Wenige Menschen interessierten sich in der schier ausweglosen Situation dafür, daß die sowjetische Militärkommandantur am 10. Juni 1945 die Bildung von Parteien und Gewerkschaften genehmigte. Viele sagten: Nie wieder eine Partei! Weiß man denn, ob es morgen nicht wieder die falsche ist? Überhaupt, das Wort »Parteigenosse« wollte kaum jemand gehört, gekannt und schon gar nicht ausgesprochen haben. Partei blieb für den Normalbürger noch lange eng verbunden mit dem runden Abzeichen und dem Hakenkreuz in der Mitte. Viele Jahre lang hieß es noch: »Der war in der Partei!« oder: »Ich war nie in der Partei!«

Die Tatsache, daß gerade die Antifaschisten an dem Aufbau von neuen, demokratischen Parteien arbeiteten, wurde meistens übersehen oder einfach aus dem Begriff »Partei« herausgehalten. Wer noch ein Parteiabzeichen des untergegangenen Regimes besaß, der verbuddelte es in der Erde und grub es erst wieder aus, als die amerikanischen Soldaten später Zigaretten und Schokolade dafür gaben.

»Een Loch in Arsch ham wir uns jefreut, als wir endlich hier draußen Elektrisch hatten und für's Radio keene Batterien mehr brauchten!« schimpfte Elisabeth, als es hieß, daß alle Rundfunkgeräte zu einer Sammelstelle gebracht werden müßten. »Und nu ham wir wieder keen Strom nich, und det schöne Radio klau'n die uns ooch noch.«

»Stellt euer Radio ruhig erst mal uff'n Boden«, meinte Nachbar Laube, der bereits weitreichende Beziehungen zu vielen neu eingerichteten Stellen und Ämtern geknüpft hatte. »Det ist nämlich totaler Quatsch mit's Abjeben von unsre Radios, weil, wenn die da oben wat an die Bevölkerung zu vermelden haben, kann det ja keen Aas hören ohne sein Radio.«

Und Laube behielt recht. Ein paar Tage später wurde die Anordnung widerrufen. Dann bekam aber kaum jemand sein eigenes abgeliefertes Rundfunkgerät zurück. Dafür erschien bereits am 15. Mai 1945 die erste Nummer der »Täglichen Rundschau«. Am 21. Mai brachte Nachbar Laube, der wie Karl Kramer und Otto Grund zur Zeit ohne Arbeit war, die erste »Berliner Zeitung« mit, deren Schlagzeile lautete: »Berlin lebt auf!«

Auch in der Laubenkolonie sprach es sich herum, daß am 19. Mai, also schon elf Tage nach Beendigung der Kampfhandlungen, ein »Magistrat von Berlin« in sein Amt eingeführt worden war mit einem parteilosen Oberbürgermeister an der Spitze, der Arthur Werner hieß. Aus diesem Anlaß appellierte der Stadtkommandant an die Bevölkerung Berlins, der neuen Stadtverwaltung bei der Wiederherstellung von

Straßen, Verkehrsmitteln, Wohnungen, sanitären Anlagen, kurz, bei einer allmählichen Normalisierung des Lebens behilflich zu sein. Doch die allgemeine Hoffnungslosigkeit war damit noch lange nicht beseitigt. Man sprach in jenen Tagen von mehr als fünftausend Selbstmorden in der Stadt.

Niedergeschlagenheit und Empörung kamen auf, als bekannt wurde, daß die Maschinen und Produktionsanlagen der Zehlendorfer Chemiefaser-Fabrik am Teltow-Kanal, in der viele Männer und in den Kriegsjahren überwiegend Frauen aus der Umgebung einen Arbeitsplatz hatten, demontiert und abtransportiert wurden. Fragen und Klagen: Was tut man uns noch alles an? Was müssen wir noch erdulden? Die Bomben! Die Toten und Vermißten! Die beinahe totale Zerstörung! Die kriegsgefangenen Männer! Die Besatzung! Erniedrigungen und Vergewaltigungen! Den Hunger! Den Abbau unserer Fabriken! Den verlorenen Krieg, den wir...

»Anjefangen haben!« lachte Laube trocken und humorlos. »Den wir über janz Europa, über die janze Welt ausjebreitet haben, den wir alle mitjemacht und nich verhindert haben! So ist det doch, Leute, und keen Stück anders. Wo der Krieg hinkam, jing's den Menschen jenauso dreckig, wenn nich noch ville dreckiger! Und nun ist es doch janz logisch, det wir an die Reihe sind, die Arschbacken zusammenzukneifen, oder?«

Sie saßen bei Kramers in der Wohnstube, Kramer, Grund und Laube, drei Männer und ihre Frauen, die den zweiten Weltkrieg überlebt hatten. Gerhard hockte nebenan in der kleinen Küche und schnitt mit seinem Russenmesser, das er an einem breiten Lederkoppel noch schärfer gemacht hatte, auf einem Holzbrett tabakähnliche Blätter in lange Streifen. Die drei Männer rauchten das Zeug in ihren Pfeifen. Elisabeth rollte es in dünnes Papier, damit daraus so etwas Ähnliches wie eine Zigarette wurde. Bald zogen dicke, stinkende Schwaden durch den niedrigen Raum. Da hatten weder Fliegen noch Mücken eine Überlebenschance.

Endlich stieß Wanja Grund die Fenster auf und öffnete die Läden. »Männer, ist sich ja schlimmer, als wenn wir früher in Polen haben geräuchert Speck!«

Die Männer hörten nicht auf ihre Worte. »Und wenn die Zeiten sich mal bessern sollten für uns, dann werden wir Deutschen uns dumm und dämlich zahlen an Steuern«, spekulierte Karl Kramer, der heute genauso hager war wie vor und während des Krieges. »Wer soll denn den ganzen Schaden bezahlen, wenn nicht wir?«

»Eigentlich müßten es ja alle die, die in der Partei waren«, sagte Otto, »denn die...«

Laube winkte ab. »Komm nur nich damit, det die Parteijenossen janz alleene alle Schuld haben und det die nun für alles uffkommen müssen! Du und ick und Karl, wir ham ja man immer schön die Schnauze jehalten, nich det Jeringste ham wir dazu beijetragen, Hitler nich an die Macht kommen zu lassen oder den Krieg zu verhindern. Heinrich Hilpert, der war von seiner Sache überzeugt, hat fest an seinen ›Führer‹ jeglobt, aber wir...«

»Ob der olle Dussel wohl noch lebt?« warf Elisabeth ein. »Unkraut verjeht nich.«

Doch Laube hörte gar nicht darauf. »Die Schuldijen an den janzen Schlamassel, die kriejen schon ihre Strafe, det ist jewiß. Und wat die Kriegsschäden betrifft, die kann doch keener wiederjutmachen. Kaputte Häuser sind bald wieder uffjebaut, aber so, die villen Toten, die janzen Jrausamkeiten und det alles... Ick meine, wat die alleene mit die Juden jemacht ham. Det ist ja alles noch ja nich zu übersehen.«

Karl nickte und klopfte seine Tabakpfeife aus. »Damit werden wir uns wohl noch lange rumschleppen müssen.«

Sie schwiegen und husteten trotz des offenen Fensters. Und dabei war die Luft draußen so klar und mild wie Samt und Seide.

Das ganze Ausmaß der gewaltigen Katastrophe, die Aufrechnung von zwölf Jahren Nazi-Herrschaft, wurde den einerseits klagenden, trauernden, hungernden und andererseits verbissen zupackenden, wütend aufbauenden Menschen, den Überlebenden in dieser Stadt, erst ganz allmählich bewußt. Auch wenn so viele sich noch lange Zeit blind und taub stellten. Und ausgerechnet alte Nationalsozialisten behaupteten bei den täglichen Aufräumungsarbeiten, die sie auf Anordnung der Kommandantur verrichten mußten, von der Verschleppung von Juden, Zigeunern, Andersdenkenden, Kindern, Frauen und Männern in die Lager nicht das geringste gewußt zu haben. Jeder, dem in den ersten Monaten nach dem Krieg anhand von Zeugenaussagen Verbrechen an Mitmenschen nachgesagt wurden, verschanzte sich sofort hinter der Schutzbehauptung, er habe doch immer nur das getan, was ihm vom nächsthöheren Vorgesetzten befohlen worden war. Und wenn er dem Befehl nicht Folge geleistet hätte, dann wäre er doch selbst auch ein Opfer geworden. Hätte man diese Argumentation anerkannt, wäre am Ende nur ein Schuldiger übriggeblieben, und der – lebte ja nicht mehr.

Det jibt's ja nur in Texas

»Tralalala! Tralalala! Det jibt's ja nur in Texas...!« Fröhlich schallte Elisabeths Gesang aus der Küche heraus auf den sogenannten Hof hinter der Wohnlaube. Sie legte die fertig gebügelten Hemden sorgfältig zusammen, um dann noch einmal mit dem Bügeleisen über die Kanten zu fahren, damit die Hemden links und rechts, genau über der Brust, die richtigen Falten bekamen. Gerade diese Falten fanden bei ihren Kunden, das waren ein paar von den in Düppel stationierten amerikanischen Soldaten, besonderen Beifall. Bezahlt wurde ihre Mühe mit amerikanischen Zigaretten, Schokolade, Büchsen mit Corned beef und anderen Mangelwaren.

Hatte ihre Schwägerin Wanja nebenan ihre Vorteile gehabt, als sie die sowjetischen Soldaten, die eine Feldküche unter ihren Obstbäumen aufgeschlagen hatten, in polnischer Sprache herumkommandierte, so war jetzt Elisabeth Kramer an der Reihe, ein ganz kleines bißchen vom Überfluß der Amerikaner abzuschöpfen. Am 4. Juli 1945 waren die amerikanischen und britischen Truppen in die ihnen bei der Konferenz vom 12. September 1944 in London zugedachten Berliner Sektoren eingerückt. Die Franzosen folgten am 12. August.

»Mensch, det hättste sehn müssen«, erzählte Elisabeth ihrem Sohn später nach dessen Rückkehr, »wie die alle zur Potsdamer Chaussee jerannt sind, als die Amis kamen. Manche soll'n sich wie die Verrückten uffjeführt ham vor Bejeisterung. Da war wahrscheinlich manch eener dabei, der vorher bei Hitler jenauso laut jejubelt hat. Na ja, der Hunger. Und denn ooch det schwarze, ziemlich feuchte Brot, wat die Russen verteilt ham... Soll'n ja ville die Ruhr und Schlimmeret jehabt ham. Und die Weiber, kann ick dir sagen. Flora und Lore Meier natürlich wieder mal mittenmang. Die Röcke soll'n manche bis übern Kopp jehoben haben, damit die Amis Schokolade, Kekse oder Jlimmstengel runterwerfen von ihre Panzer und Laster.«

Auch das Düppeler Gelände wurde den Amerikanern von den Sowjets überlassen. Die Amis quartierten hier zuerst eine Pioniereinheit ein. Später konnte der ehemalige Dressurreiter und frühere Pächter des Gutshofes, Major a. D. Bürkner, der nun endlich wieder gute, rassige Pferde in den ausgedehnten Stallungen sehen wollte, die Amerikaner auch für den Reitsport interessieren. Mit Hilfe des amerikanischen Stadtkommandanten General Howley entstand eine Reiterstaffel der US-Armee, die als Paradeeinheit und als Streife der Militärpolizei in den umliegenden Wäldern eingesetzt wurde. Durch die Herbeischaffung von Beutepferden aus der amerikanischen Besatzungszone konnten achtzig bis zeitweise hundertzwanzig Pferde in Düppel stationiert werden.

Das war die Zeit für den kleinen, wendigen ehemaligen Jockei Willi Schirzke, der in einem der Düppeler Gutshäuser wohnte und sich den Amerikanern nun als Reitlehrer zur Verfügung stellte. Bald schon hatte Willi viel zu tun, denn nicht nur die Offiziere wollten Reitunterricht nehmen, auch die amerikanischen Frauen, die schon bald an der Seite ihrer Männer im amerikanischen Sektor auftauchten. Willi versprach Karl Kramer, sich dafür einzusetzen, daß er bald wieder als Pferdepfleger auf dem Hof arbeiten könnte. Anscheinend reichten Willis Beziehungen dafür nicht aus, zudem betreuten die Soldaten ihre Pferde selbst. Aber Willi verschaffte Elisabeth den sehr begehrten Job, Militärhemden zu waschen und zu bügeln. Mal waren es ein paar Hemden mehr, mal weniger. Willi mußte die Sachen in Düppel einigermaßen gleichmäßig verteilen, denn schließlich war es auch sein Geschäft.

»Een janz anderes Braun ham die Amis ihre Soldatenhemden und ne ville bessere Qualität als der Stoff, den unser Militär zuletzt für Hemden hatte.« Beinahe zärtlich streichelte Elisabeth über das zuletzt gebügelte Hemd. »Aber warum es immer so'n Kackbraun sein muß? Bei uns waren die Partei- und SA-Uniformen braun. Denn kommen die Iwans hier an, und alle in so'n häßlichet Braun. Und nu stecken die Amis und die Engländer ooch alle in braune Kluft. Dabei jibt es so schicke Uniformfarben für's Militär. Wenn ick wat zu vermelden hätte, würde ick schwarz vorschlagen, wie unsere Panzerfahrer hatten, oder dunkelblau, wie bei die Marine, det jeht ja ooch noch. Ick dachte immer, die Rote Armee, die müßten alle... Mann, hörste mir da draußen überhaupt zu?«

Karl dachte gar nicht daran, auf das Uniformfarbengeplapper seiner Frau zu hören. Mit seinen Söhnen Gerhard und Kurt sortierte er Buntmetalle aus dem Schrottberg, den sie am Morgen in der Umgebung gesammelt und auf einen Handwagen geladen hatten: das Untergestell einer lange schon ausrangierten Nähmaschine, ein Haufen Stahlhelme – einen davon trug der achtjährige Kurt jetzt auf dem Kopf –, die Metallteile eines zerschlagenen Karabiners und eine ganze Anzahl Geschoßhülsen aus Messing, die sie hinten auf dem Feld gefunden hatten, wo die Flak-Stellungen einmal waren.

»Messing und Kupfer kannste ja sammeln, Karl«, meinte sein Schwager Otto, der auf dem Nachbargrundstück an den Zaun kam, um ihnen bei der Arbeit zuzusehen. »Das bringt vielleicht mal was. Aber das olle Eisen da könnt ihr liegenlassen, wo es liegt. Davon gibt's doch jetzt mehr als genug.«

»Kann man nie wissen«, antwortete Karl wortkarg. Er warf

die Geschoßhülsen zu den anderen, die sie schon in den letzten Tagen gefunden hatten.

Und kaum vernahm Elisabeth die Stimme ihres Bruders, da kam sie auch schon aus der Küche, wo sie sich eben die Hälfte einer Ami-Zigarette angesteckt hatte, die sie in einer Zigarettenspitze rauchte, um sie ja bis zum letzten Zug auszukosten. »Laß meine Männer mal machen, Otto! Mit irjendwat müssen se sich ja beschäftigen, bis es wieder richtije Arbeit für alle jibt. Allerdings wäre es nu ooch höchste Eisenbahn, Brennholz für den Winter ranzuschaffen.«

»Und wie?« fragte Karl. »Sollen wir mit dem Handwagen in den Düppeler Forst fahren und Bäume fällen? Wenn die uns erwischen, können wir uns die Welt durch schwedische Gardinen ansehen.«

Elisabeth lachte. »Mann, wer soll euch denn heutzutage erwischen, wenn ihr 'n paar olle Kiefern fällt? Diese nachjemachten Polizisten vielleicht, die selbst wie die Raben klau'n?«

»Jetzt kann jeder Polizist werden, der nicht in der Partei war«, nickte Otto. »Also, wenn ich jünger wär...«

»Die Förster, die sind noch immer da«, meldete Gerhard sich. »Bin da mal so rum mit'm Rad durch den Düppeler Forst. Pferde sind nich mehr in Dreilinden, im Forsthaus aber, der Förster, der ist da noch wie früher zujange.«

»Die Försterei ist noch bewohnt?« fragte Otto zweifelnd. »Stehn da nicht überall die Ami-Panzer im Wald? Ist doch gleich hinter'm Kleeblatt nach Stahnsdorf zu alles abgesperrt.«

»Vorne an die Autobahn schon, aber nich beim Jachtschloß und bei die Försterei«, wußte Gerhard zu berichten, dem kaum etwas von den Ereignissen in der Umgebung entging. Immer uff'n Kieker sein, war seine Parole. »Wir könnten ja mal den

Förster fragen, ob wir nich een paar Stubben ausjraben dürfen im Wald. Sind jenuch davon da, und die bringen Holz.«

Onkel Otto nickte kräftig. »Ganz schön helle, der Bengel. Aber hast du schon mal Stubben gerodet? Ist eine Sauarbeit, kann ich euch sagen. Und wenn ihr die hier habt, geht's erst richtig los. Da braucht man Keile und einen guten Vorschlaghammer, um die zu spalten. Keile hab ich ja, und einen Vorschlaghammer...«

»Haben wir selbst«, winkte Elisabeth ab. »Die Sache ist jedenfalls besser und nützlicher als det Uffsammeln von jefährliche Flakjranaten. Holz brauchen wir immer, aber ob ihr det janze Jelumpe da loswerdet... Habt ihr noch nich jehört, wat mit dem Helmut von die Radebrechern passiert ist? Nun liegt der im Krankenhaus.« Sie sah Gerhard an. »Erzähl mal. Du weeßt det ja am besten.«

»Da jibt's nich ville zu erzähl'n«, sagte Gerhard und setzte sich auf das Gestell der alten Nähmaschine. »Wie kann eener ooch so dußlich sein! Reine Spielerei war det. Da schüttet der, janz alleene für sich, am Düppeler Fenn drüben aus so'ne Übungspatronen det Schießpulver uff'n Haufen und wollte Feuerwerk machen damit. Brannte scheinbar nich richtig, det Pulver. Nun hat Helmut sich Papier jesucht, feuchtet ooch noch. Det brannte natürlich ooch nich. Da hat der Bekloppte sich lang uff'n Bauch jelegt und hat so lange jepustet, bis es eene riesije Stichflamme jejeben hat. Sämtliche Haare soll'n ihm verbrannt sein und det Jesichte ooch.«

»Der Bengel sah immer so zart aus!« rief Elisabeth. »Die Haare wachsen ja wieder, aber...«

»Hat ihm nischt genutzt, det er jleich mit een Satz in den Tümpel jesprungen ist«, setzte Gerhard hinzu.

»In das zugewachsene Sumpfloch ist der rein?« lachte Otto. »Wer hat denn das gesehn und ihn da rausgeholt?«

»Ihr werdet lachen«, sagte Gerhard. »Frau Schirzke aus Düppel, Willis Mutter, mein ick, nich seine Frau. Die ist da spazier'njejangen, als det passierte. Wird wohl da so rumjekiekt ham, ob sie nich wat findet zwischen die verschütteten Flakstellungen.«

Sofort nahm die Unterhaltung eine Wende, denn Elisabeth sagte: »So kleen der Willi ooch ist, der olle Jockei, so ville Jlück hat der. Hat als Soldat ne jute Frau jefunden, ist immer jut durchjekommen. Kaum war der Iwan weg, war er wieder zu Hause. Und jetzt arbeitet der als Reitlehrer bei die Amis. Nun wird ja eener nach dem andern wieder ufftauchen von die Überlebenden. Und wißt ihr, ick weeß janz jenau, det unsere beeden, Hans und Alex, ooch bald hier vor die Türe stehn werden.«

»Wie willst du das wissen, Lisbeth?« fragte ihr Bruder.

»Wie ick det wissen will? Ick hab vor'n paar Tage davon jeträumt. Und meine Träume...«

»Bleib mir bloß mit deinen Träumen weg!« rief Otto. »Wenn die alle Wirklichkeit geworden wären.«

Sie schüttelte heftig den Kopf mit den immer noch schönen dunkelglänzenden Haaren. »Wirklich, Otto, ick hab von Muttern jeträumt. Und die hatte beede Jungs in Düppel oben in ihre Stube.«

»Mutter ist lange tot.«

»Det ist es doch jrade, du Dussel! Weil sie tot ist. Im Traum erscheint dir immer det Jejenteil vom Tatsächlichen. Und wenn Mutter sich von oben um die Jungs jekümmert hat, wenn sie ihre Hände... Ihr wißt schon, wat ick meine, und ihr werdet dran denken, wenn Hans und Alex nacheinander anmarschiert kommen!«

Kiek dir mal die beeden Figuren da vorne an

Nur wenig später, Ende August 1945, wanderten zwei junge Männer an einem Sonntag auf der schnurgeraden Chaussee von dem Taunusdorf Wehrheim über die Höhe nach Bad Homburg hinüber. Sie wollten sich in dem einzigen Kino, das es weit und breit gab, den von den Amerikanern wieder zugelassenen Film »Die Reise in die Vergangenheit« ansehen, obwohl sie beide das Stück während des Krieges mehrmals gesehen hatten. Aber was sollten sie sonst unternehmen, wenn die Sonntage so lang waren, wenn sie als Fremde unter Leuten leben mußten, die so kurz nach dem Krieg selbst genug Probleme hatten? Zudem verstanden die beiden jungen Berliner noch zu wenig vom hessischen Dialekt. Also gingen sie ins Kino, wenn der Weg auch weit war. Hans Kramer und Joachim Fuchs, der eine aus Zehlendorf, der andere aus dem Wedding stammend, konnten in diesem Sommer noch nicht in ihre Heimatstadt zurück. Die Amerikaner hatten schon zwei Monate nach Beendigung des Krieges einen Teil ihrer Kriegsgefangenen nach Hause gschickt, aber in die sowjetische Besatzungszone und nach Berlin wurde noch niemand entlassen. Folglich hatte Hans nach einem Ausweg gesucht. Aus der Zeit, als er als Kind im Zuge einer Kinderlandverschickung die Ferien hier verbrachte, kannte er eine Familie in Wehrheim. So gab er in dem Lager in Hof diese Familie als Ziel an. Aber jetzt hatte er feststellen müssen, daß es kaum Verkehrsverbindungen nach Berlin gab, und außerdem lebte es sich hier auf dem Lande sicher besser als in einer großen, zerstörten Stadt.

Mit vielen anderen Heimkehrern war Hans Kramer auf

amerikanischen Lastwagen von Hof nach Frankfurt am Main transportiert worden. *Transportiert* – ein Begriff, ein Wort, das nie so viel bedeutet hatte wie in den zwölf Jahren des Nazi-Regimes. Alles wurde da transportiert: die Erzeugnisse der Fabriken, Rüstungsmaterial und immer wieder Rüstungsmaterial! Sie transportierten die Kunst- und Wertgegenstände aus den besetzten Gebieten ab, und sie transportierten Menschen. Transporte von Kindern in die sogenannte Landverschickung, Transporte von Braunhemden und Heilschreiern zu den gewaltigen nationalsozialistischen Massenveranstaltungen. Transporte unter dem Motto *Kraft durch Freude*, Militärtransporte an sämtliche Fronten des Krieges. Verwundete, Gefangene, zwangsverpflichtete Ausländer, alles wurde in »Großdeutschland« transportiert, nicht zuletzt die Hunderttausende von Menschen, die in die Konzentrations- und Vernichtungslager verfrachtet wurden. Und von den letztgenannten Transporten wußte Hans Kramer zu der Zeit noch am wenigsten. Er wünschte sich nur noch einen Transport in seinem Leben: die Rückfahrt in seine Heimatstadt Berlin.

Es war eine traurige Fahrt auf den Lastwagen von Hof nach Frankfurt, über leere Straßen, an deren Rändern der Krieg gewaltige Mengen von Schrott zurückgelassen hatte. Sie sprachen alle nicht viel während der Fahrt durch das Stück übriggebliebenes Deutschland. Mehrmals mußten die Fahrzeuge Umwege nehmen, weil die Autobahn zerstört war, deren Fahrbahnen zu provisorischen Flugplätzen gemacht worden waren, oder weil es keine heilen Brücken über den Main mehr gab.

Dann sahen sie die Ruinen von Würzburg. Ein erschütterndes Bild, das ihre Mägen zusammenkrampfte, das die Herzen fast zum Stillstand brachte, weil jeder Heimkehrer an seinen Heimatort dachte. Der Dom aus dem 11. Jahrhundert, die

Marienkapelle aus dem 14., Stift Haug aus dem 17. Jahrhundert, die fürstbischöfliche Residenz, Museen, Staatsarchiv, eine Jahrhunderte alte Kultur in Trümmer gelegt. Die Soldaten fragten sich immer wieder: warum? Die Bilder blieben auch haften, als sie durch die stillen Wälder des Spessarts fuhren. Die bizarren Mauerreste und leeren Fensterhöhlen verfolgten sie, bis sie nach Frankfurt hinein kamen, wo der Schock nicht mehr ganz so groß war, weil sie die Ruinen von Würzburg gesehen hatten. Immer wieder fragte Hans sich, wie es wohl jetzt in Berlin aussehen mochte.

Unter der Woche spülte Hans Flaschen in einer Wehrheimer Weinkellerei. Hier hatte er Joachim kennengelernt. Wenn es da nichts zu tun gab, halfen sie den Bauern bei der Ernte. Sie putzten auch bei einer amerikanischen Einheit, die im Ort lag, Öfen, Töpfe und Pfannen. Dafür wurden sie mit Naturalien bezahlt. Sie wußten gar nicht, wie gut sie hier lebten im Gegensatz zu vielen anderen Menschen in den Nachkriegsmonaten.

Joachim Fuchs, spindeldürr, mit einem schmalen bartlosen Gesicht, war noch ein halbes Jahr vor Kriegsende zur Waffen-SS eingezogen worden. »Mann, und ick wollte doch nich! Ick dachte, wo ick doch Maschinenschlosser jelernt habe und det een kriegswichtiger Rüstungsbetrieb war... verstehste? Da dachte ick, det jeht alles an mir vorüber. Meine Mutter dachte jenauso. Und dann diese Scheiße, ausjerechnet zur SS!«

»Warste denn überhaupt noch im Einsatz?«

»Einsatz? Det ick nicht lache! Erst kam die Ausbildung und Schliff und noch mal Schliff. Dann ab nach Westen. War ja irjendwie beruhigend. Wie ick hinkam, gab's keene Front mehr. Alles schon in schönster Ufflösung, verstehste?«

Joachim hatte Glück gehabt. Irgendwo fand er eine Wehrmachtsuniform, die er anziehen konnte, bevor die Amerikaner ihn bei Limburg gefangennahmen. »Wat soll ick dir sagen, über Nacht sind die plötzlich weiter, und wir, so an die zwanzig Mann, wir standen einfach so da. Ob die uns nicht für voll jenommen haben? Hat sich natürlich jeder in eene beliebige Richtung verpißt.« So wurde auch die Blutgruppennummer unter seinem Arm nicht entdeckt, die ihn untrüglich als SS-Angehörigen kennzeichnete. Die Nummer war das einzige, was ihm geblieben war.

Auch Hans Kramer war vom Militär nichts geblieben als die schwere Verwundung am rechten Knie, die den Krieg für ihn beendete und die ihn von einem Lazarett in das andere, angefangen in Ostpreußen, bis in das sächsische Vogtland brachte. Jetzt hinkte er, denn das Bein war so gut wie steif. Dann der Entlassungsschein als einziges Ausweispapier, eine dicke Militärhose und eine kurze schwarze Panzerjacke. Doch, einen Brotbeutel mit Tragegurt hatte er auch noch mit herübergebracht in den Frieden.

Sie waren durchgeschwitzt, als sie sich im Wald der Höhe mit dem naturgetreu nachgebauten Römer-Kastell Saalburg näherten. Hans setzte sich auf einen Kilometerstein, zog die abgetretenen Schuhe aus, steckte die beiden Fußlappen in seine Hosentasche und lief barfuß weiter. Hier unter den dichten Bäumen war der Asphalt nicht so heiß. Dann setzte Joachim sich an den Straßenrand, die Beine im flachen Graben. »Komm, laß uns 'ne Weile verpusten! Det steht ja keene Sau durch. Haste nicht wieder een neues Jedicht jemacht? Ick hör die Jedichte jern, die du machst.«

Hans suchte in der Brusttasche der schwarzen Jacke, holte ein Stück Papier hervor. »Hab ich schon im Lazarett angefangen. Und jetzt, abends im Bett, hab ich's fertig geschrieben. Es heißt ›Frieden‹. Ist aber 'n bißchen lang.«

Er las:

Frieden
Ein Schweigen
und der Gedanke:
Ich lebe noch.
Ich stehe hier
und lebe,
wo dich, mein Freund,
die schwere Erde deckt.
Kein Ton
will in mir klingen,
Schweigen nur,
so wie der toten Vögel Lied.

Nur Wind
zerfetzte Wolken treibt.
Da fahren hin
Millionen Tote
und Freund mit Feind
und Hand in Hand,
ein Reigen grauer Schatten.
Ich lebe noch!
Und lebt das Kind
an der gesunden Mutterbrust.

Und lebst du wieder
Lust – oh, Lust,
lebst aus dem Dreck
der nackten Erde
in das Bett
zum nackten Weib.
Ein Regen fällt,

ein leiser Regen
nach jahrelangem
Hagelsturm.

Und jeder Käfer
ist mir heilig,
der aus dem Blut
der Erde kriecht.
Und falte meine
heilen Hände:
Ich lebe noch
und Frieden ist!
Ich gehe taumelnd
Schritt für Schritt
und schrei:
Kämpft! Kämpft
für den langen Frieden!

Sie schwiegen beide. Sie schwiegen sehr lange, bevor Joachim sagte: »Mensch, det ist ja noch viel besser als deine anderen Jedichte. Det ist, ja, det ist so, wie man empfindet nach dem janzen Schlamassel. Det kann man richtig leise singen, det mit die Millionen Tote, die mit die Wolken dahinfahren oder det mit dem leisen Regen nach dem Hagelsturm. Det ist doch wat anderes als diese blödsinnijen Sprüche, die uns die SS-Offiziere einjepaukt haben. Und denn die Lieder. Du weeßt ja… ›Auf der Heide blüht ein kleines Blümelein‹ oder ›Es zittern die morschen Knochen‹. Aber dein Jedicht da…«

Hans steckte das Papier wieder ein. Und während er die Fußlappen wieder um die Füße legte und geschickt in die Schuhe schlüpfte, meinte er: »Sind so Gedanken, die man aufschreibt, weißte. Im Lazarett haben wir uns öfters mal Gedichte vorgelesen. War ja Zeit genug da. Da fängt man dann eines Tages auch an, so'n bißchen zu dichten. Aber solche Lieder wie das von der Erika oder vom Westerwald, glaub mir, Joachim, diese Kacke wird in Zukunft keiner mehr singen.«

»Oder der müßte mit'm Klammerbeutel jepudert sein«, stimmte Joachim ihm zu, als sie weitergingen. Plötzlich deutete er nach vorn. »Da, kiek dir mal die beeden komischen Figuren da vorne an! Haste so wat schon mal jesehn? Der eene trägt jetzt im August bei der Hitze eenen schwarzen Anzug und een schwarzen Hut. Und die Latschen kriegt der kaum vom Boden hoch.«

»Und der andere ist noch dürrer als du«, ergänzte Hans. »Vielleicht komm' die von 'ner Beerdigung.« Sie gingen die Chaussee hinab, die auf Bad Homburg zuführte, und näherten sich langsam den beiden Fremden.

Die beiden Männer vor ihnen waren stehengeblieben und warteten. Der kleinere Mann im schwarzen Anzug konnte vierzig, genausogut aber sechzig Jahre alt sein. Hans sah sein Gesicht, hohlwangig, schmal und wie mit Pergament überzogen. Der Mann nahm den Hut vom Kopf und sagte freundlich lächelnd: »Wir begrüßen Sie, meine Herren! Wir bieten Ihnen unsere Gesellschaft an, wo wir doch, wie es scheint, denselben Weg haben.« Er wedelte sich mit dem Hut Kühlung zu. »Ja, diese Wärme, dieser Sommer. Ein schöner Sommer, ein sehr schöner Sommer. Sehr viele Äpfel werden sie ernten können, die Leute hier.« Auf seiner Kopfhaut, die nur spärlich mit Haaren bewachsen war, glitzerten feine Schweißperlen. Er zeigte auf seinen Begleiter, der die beiden jungen Männer ernst und nachdenklich ansah. Nie hatte Hans bei einem Menschen so tiefliegende Augen gesehen. Und die stark vorstehenden Backenknochen verliehen ihm etwas Unheimliches. »Dann werden wir uns vorstellen«, sagte der Mann im schwarzen Anzug. »Das ist mein guter Freund Karl Schenk. Und ich heiße Jakob Silberstein.«

Hans und Joachim sahen sich kurz an, denn sie fühlten sich etwas unbehaglich in der Gesellschaft der beiden Fremden. Dann nannten sie auch ihre Namen. Karl Schenk nickte nur knapp. Joachim fragte rasch: »Sie... ihr wollt auch nach Bad Homburg?«

Zu viert gingen sie weiter auf der Chaussee, die jetzt zu beiden Seiten von Apfelbäumen gesäumt wurde. Jakob hielt seinen Hut in Brusthöhe. »Ja, meine Herren«, sagte er bedächtig, »einen Spaziergang haben wir gemacht, hinauf zum Römer-Kastell. Aber dann fiel es uns schwer, durch das Tor in das Kastell hineinzugehen.«

»Wieso denn?« fragte Hans arglos. »Das Tor ist doch offen. Wir sind doch gerade erst da vorbeigekommen.«

»Natürlich ist das Tor offen, Junge«, sagte Karl Schenk in mürrisch klingendem Ton. Und erst nach einer ganzen Weile: »Wenn man von außen kommt, sind viele Tore offen, und doch werden wir beide uns wohl noch lange immer wieder fragen, ob sich die Tore jemals wieder für uns öffnen, wenn wir erst drinnen sind in so einer Festung. Wie soll ich euch beiden das erklären...« Er sprach beim Weitergehen mehr zu sich selbst: »Da stehen keine Posten vor dem Tor, keine Wachttürme gibt es und keinen elektrisch geladenen Draht. Und doch, es bleibt einfach. Da oben ist nur Wald und eine tiefe Stille, die Angst macht. Wir haben das Kastell besichtigt, Jakob und ich. Wir sind auch wieder zum Tor hinausgegangen, ja, natürlich, und haben beim Hinausgehen die Schultern hoch an die Köpfe gezogen.«

»Aber, Karl, guter Freund«, sagte Jakob mit leisem Tadel, »was redest du da? Du kannst die jungen Leute nicht so erschrecken. Sieh dir lieber diese reifenden Felder an und wie die Obstbäume ihre Schatten über die Felder werfen. Und den Bussard da oben, wie frei er schwebt und wie stolz.« Es klang beinahe wie eine Entschuldigung, als er erklärte: »Er ist ein Kommunist, der Karl. Sie haben ihn verhaftet, 1939, gleich nachdem der Krieg anfing, weil er Flugblätter verteilt hat gegen Hitler und gegen diesen Krieg. Ich bin kein Kommunist, aber – ich bin sein Freund. Viele von uns hat er retten können im Lager, der Karl.«

»Hör auf! Nicht wieder diese Sülze!« brummte Karl Schenk. »Du bist und bleibst ein Träumer, Jakob. Wie oft haben wir darüber gesprochen, was wird, wenn der Faschismus besiegt ist. Unsere Zukunft, die Ziele, die Arbeit, die nun auf uns zukommt. Gerade ihr Juden, die ihr übriggeblieben seid, ihr könnt doch nicht ewig nur hinnehmen und einstecken! Wer nimmt schon darauf Rücksicht, daß du ein sanfter und friedliebender Mensch bist?«

»Viele, Karl, sehr viele sogar.«

Fast zehn Minuten gingen sie schweigend nebeneinander her. Einmal überholte sie ein Jeep. Ein amerikanischer Soldat warf eine kaum angerauchte Zigarette auf die Fahrbahn und blickte freundlich grinsend zurück. Karl trat die Zigarette aus, drehte dabei den Absatz seiner nagelneuen Schuhe. »Ja, die Glut mußt du austreten, Karl«, lobte Jakob ihn, »sonst wird sie das Gras hier in Brand setzen.«

Karl nickte. »Natürlich, die da haben auch schon genug in Brand gesetzt, und das an Orten, wo es gar nicht mehr entscheidend war für den Untergang des Faschismus.«

»Uns haben sie befreit, Karl, vergiß das nicht.« Jakob sah den Freund ernst an. »Ich bin nie undankbar gewesen.«

»Alle, die gegen den Faschismus gekämpft haben, haben uns befreit«, antwortete Karl etwas zu heftig, denn er entschuldigte sich gleich darauf: »Unsere Nerven, Jakob, unsere Nerven. Weißt du, ich dachte an Dresden. Wahrscheinlich war sie da noch nicht einsatzbereit, die Atombombe. Sie hätten sie auch auf Dresden geworfen, nur um ihre Wirkung zu testen. Statt dessen haben sie jetzt ihre neuen Bomben auf Hiroshima und Nagasaki geworfen. Darum müssen wir uns ganz ernsthaft fragen: War das das Ende des Grauens, oder war es erst der Anfang?«

»Aber die Japaner hätten noch weitergekämpft«, sagte Joachim zaghaft. »Die sollen ja sehr zäh sein.«

»Unsinn, Junge!« Schenk schüttelte den Kopf. »Doch nicht, nachdem Deutschland kapituliert hatte und nachdem die Armeen der USA und der Sowjetunion stärker sind als je zuvor. Nein, für mich ist der Vater dieser Bombe das Großkapital. Und wo hätte das Großkapital die Bombe heute noch richtig ausprobieren können? In einer Wüste vielleicht, oder auf einer einsamen Insel. Da leben ja keine Menschen, und wenn schon, vielleicht wollte man gerade die Menschen mit einbeziehen. Was lag da näher, als die Bombe auf Japan abzuwerfen. Mit Japan waren sie noch im Krieg.«

»Ist es nicht schrecklich, Freunde«, sagte Jakob Silberstein. »Da gehen wir vier nun friedlich durch einen schönen Tag, und an einer anderen Stelle dieser Welt ist so ein großes Elend. Viele Jahre habe ich gefragt, warum sie so sind, diese Menschen, daß sie nicht leben können ohne grausame Taten. Du findest immer einen Namen dafür, Karl. Heute nennst du sie Großkapital, und gestern nanntest du sie Faschisten. Und doch waren sie nicht alle gleich. Waren da nicht die SS-Männer, die zügellos waren in ihrem Sadismus, und andere, die sich schämten, wenn sie es nur sahen?«

»Befehle führten sie alle aus, Jakob. Wo ist da der Unterschied? Auch wer nur zugesehen hat, war mitschuldig.«

Hans dachte noch darüber nach, als Joachim plötzlich sagte: »Ick war ooch in der SS, sechs Monate noch. Ick habe ooch diese Nummer unterm Arm. Aber glaubt mir, von selber bin ick nicht hinjejangen. Meene Mutter hat jeheult, als ick hinmußte.« Scheu sah er Karl an. »Ja, jeheult hat sie, weil jrade kurz vorher mein Vater in Rußland jefall'n war. Und die stecken mir ausjerechnet in die SS.«

Wieder liefen sie ein ganzes Stück Weg, bis Hans um eine kleine Pause bat. Da sagt Karl Schenk: »Glaubst du denn, unsere Partei weiß nicht, daß sie im letzten Kriegsjahr viele junge Männer in die Waffen-SS hineingepreßt haben? Und die so ehrlich sind wie du, die stehen kaum zur Debatte, wenn wir in den Büchern lesen und unsere Entscheidungen treffen, bevor wir dann das letzte Buch endgültig zuklappen.«

Jakob zeigte auf einen Baum mit reifen Augustäpfeln. »Es scheint so, als ob diese Äpfel da drüben reif sind, meine Herren. Davon möchte ich jetzt einen essen. Nein, ich werde mir selber einen pflücken. Es ist lange her, seitdem ich einen Apfel pflückte. Das war – das war – ich weiß es noch genau, das war im Jahr 1917. Wir wohnten in Weimar damals, und mein Vater kam aus dem Krieg auf Urlaub. Sie hatten ihm das Eiserne Kreuz an die Brust gesteckt, weil er mutig gewesen war irgendwo im Krieg. Alle waren wir zusammen im Garten, meine Mutter, mein Vater, meine beiden Schwestern und ich. Da habe ich für jeden einen Apfel gepflückt, den schönsten aber für meinen Vater, denn ich war sehr stolz auf ihn.«

Er ging über eine Wiese zu dem Baum, pflückte vier Äpfel, nicht mehr und nicht weniger, und legte sie in seinen schwarzen Hut.

»Das hat er mir nie gesagt«, meinte Karl, »daß er in Weimar zu Hause war. Ich habe ihn in Buchenwald kennengelernt. Wißt ihr, wo Buchenwald liegt? Nördlich von Weimar. Und das ist eine schöne Stadt, wie man sagt, eine Hochburg deutscher Kultur. Mittelpunkt des deutschen Geisteslebens, Goethe, Schiller, die Weimarer Nationalversammlung, Weimarer Republik und was weiß ich noch alles. Aber ihr seht, die Weimarer Einwohner haben diesen Sohn ihrer Stadt nicht erkennen wollen. Sie standen an den Straßen, oder sie haben weggesehen, als wir in langen Kolonnen vom Güterbahnhof zum Lager Buchenwald am Ettersberg getrieben wurden.«

»Aber, Karl, mein Freund«, sagte Jakob sanft, als er die vier Äpfel verteilte, »was wissen die jungen Leute davon, wenn sie doch nie in Weimar waren? Nichts werden sie davon wissen.«

»Wir woll'n det aber jerne wissen«, rief Joachim erregt. »Wir woll'n möglichst alles wisen, alles, wat man uns nie jesagt hat, in der Schule nicht, in der Lehre nicht, zu Hause nicht und beim Kommiß schon gar nicht!«

Sie näherten sich der Stadt, die vom Krieg so gut wie verschont geblieben war. Nur das Kurhaus von Bad Homburg war zum Teil abgebrannt.

»Das ist eine gute Sache mit dem Wissen«, sagte Jakob. »Solange junge Leute wissen wollen, ist nichts verloren auf der Welt. Immer habe ich von meinem Vater genau wissen wollen, wie er es damals bekommen hat, das Eiserne Kreuz. Er erzählte vom Krieg und sagte immer, daß es nie wieder Krieg geben darf. Er sagte zu mir: Das muß die größte Aufgabe sein von euch jungen Leuten. Und heute, da sage ich das zu euch.«

Hans und Joachim sahen sich im Kino den Schmarren über eine Reise in die Vergangenheit doch nicht an. Sie saßen noch lange in einer Wirtschaft zusammen und tranken den herben Äppelwein an diesem Sonntag im August 1945. Als Jakob einmal hinausging, sagte Karl Schenk: »Er ist wirklich das, was man einen herzensguten Menschen nennen kann, dieser Jakob Silberstein. Er wird immer mein Freund bleiben. Er hat auch niemanden mehr. Diese verdammten Mörder haben sie alle umgebracht, seine Eltern, seine beiden Schwestern und – auch seine Frau. Oft frage ich mich, wo denn sein Haß ist und wie er nach all dem so herzlich, bescheiden und hilfsbereit sein kann.«

Hans und Joachim sahen sich lange schweigend an. Sie konnten das beide nicht begreifen. Sie fanden keine Worte dafür.

Die an einem Augustsonntag auf der Chaussee nach Bad Homburg geschlossene Freundschaft reichte noch bis in den Spätherbst hinein, denn so lange währte der Erholungsaufenthalt der beiden aus dem Konzentrationslager befreiten Menschen. Als Hans Kramer wenig später in das Krankenhaus von Köppern mußte, wo sie sein Bein noch einmal operierten, kamen sie alle drei am Sonntag nachmittag, um ihn zu besuchen.

Unser kleener Friedensengel

Seinen 19. Geburtstag, der in den März fiel, wollte Hans Kramer wieder in Berlin bei seiner Familie feiern. Das hatte er sich fest vorgenommen. Und er schaffte das auch. Alle Freundschaften, die er in Wehrheim geschlossen hatte, konnten ihn nicht davon abbringen. Auch seine Freundin Else, die einzige Tochter eines größeren Bauern, hielt ihn nicht zurück. Dabei war Elses Vater einer Heirat gar nicht abgeneigt, nachdem Hans ihm einmal erzählte, daß er vom »Landjahr« her etwas von der Landwirtschaft verstand. Und alles Fehlende hätte er ja lernen können. »Erst muß ich mal nach Berlin, um nach meiner Familie zu sehen«, sagte er.

Anfang März 1946 kam er in Berlin an. Nach einer nicht gerade bequemen Reise von vier Tagen und vier Nächten kletterten er und Joachim Fuchs und viele andere Mitreisende in Lichterfelde-Süd aus dem Zug. »Wir hören voneinander, ist doch klar!« verabschiedete sich Hans.

Und nun stand er ungewaschen und total übermüdet auf dem Güterbahnhof. Seine Habseligkeiten, wenn er das überhaupt so nennen konnte, steckten im Brotbeutel. Und die paar Kleidungsstücke, die er in einem Pappkarton mit sich schleppte, waren kaum noch zu gebrauchen. Alles Geschenke und Spenden von irgendwelchen mitleidigen Seelen. Es regnete leicht, aber beständig, als er, den Stock in der linken Hand, loshinkte, um zur Straßenbahn zu kommen.

In der Lichterfelder Goerzallee, gleich hinter den ehemaligen Telefunken-Werken, deren Gebäude jetzt von den Amerikanern als Kaserne benutzt wurden, endete die Straßenbahnlinie. Er warf einen Blick zurück auf den großen Gebäudekomplex, der noch kurz vor dem Krieg von dem Elektrokonzern erbaut worden war. Sieh einer an! Wahrscheinlich haben das die Amerikaner nicht zerbombt, weil die langgestreckten Bauten bereits als Quartiere für ihre Truppen vorgesehen waren!

Hans lief weiter auf der Straße und sah, daß viele andere große Betriebe, die links und rechts am Teltow- und am Stichkanal lagen, die Optischen Glaswerke, der kompakte Bau vom Goerzwerk Zeiss-Ikon, die Kreisel-Werke oder die Chemiefaser-Fabrik ganz am Ende vor dem Dorf Schönow, zumindest äußerlich so gut wie unbeschädigt geblieben waren. Dann kam er zu der alten Dorfschule von Schönow. Und als er seinen Stock fester in die Hand nahm, weil er wußte, wie lang die Andréezeile sich hinzog, bis er zur Laubenkolonie kam, hatte er plötzlich die Zeilen im Kopf, die seine Mutter früher immer so gerne in tragendem Tonfall aufsagte: Ein Wanderbursch, mit dem Stab in der Hand, kehrt wieder heim aus fremdem Land...

Vor der Machnower Straße sah er den von Geschossen angefressenen alten Luftschutzbunker. Dann winkten die rotweißen Sendetürme der Post. Er sah, daß die Stammbahn nur noch ein Gleis hatte. Vom zweiten Gleis der Eisenbahn Berlin–Potsdam war nur noch das Schotterbett geblieben. Das war auch eine der Ursachen gewesen, warum seine Eisenbahnfahrt so lange gedauert hatte. Immer wieder mußte die Lokomotive abgekoppelt und woanders eingesetzt werden und der Zug lange auf Gegenzüge warten.

In der Laubenkolonie war keine Veränderung zu erkennen. Wie immer schon sammelte sich das Regenwasser in den vielen Löchern auf den Wegen, und wie immer schon mußte man bei Regenwetter große Schritte machen, um von einer trockenen Stelle zur nächsten zu gelangen. Noch war kein Grün in den Gärten zu sehen, und die Erde lag da, wie sie im Herbst nach der Ernte umgeworfen worden war. Die Rinde der Obstbäume glänzte naß.

Lore Meier, die nun auch schon über zwanzig Jahre alt war, kam ihm auf dem Fahrrad entgegen, sprang ab und reichte ihm die Hand. »Mensch, Hans, daß du ooch noch lebst! Aber abjekriegt haste wat, wa? Du, dein Cousin Alex ist vorije Woche jekommen. Nun muß ick weiter, einkoofen, weeßte, sonst jibt's nischt mehr! Na denn, Darling... welcome in Berlin!« Weg war sie.

»Vater, unser Langer kommt!« hörte Hans seine Mutter rufen, als er sich der Wohnlaube näherte. »Am Stock jeht er ooch!«

Und dann die Begrüßung. Seine Mutter, so wie er sie kannte, immer noch schwarzhaarig, schlank und quirlig. Sein Vater, noch hagerer, noch stiller, jetzt aber über das ganze Gesicht strahlend. »Schön, daß du wieder da bist!«

Gerhard legte den Vorschlaghammer zur Seite, mit dem er eben einen Keil in das zähe Holz eines Baumstubbens geschlagen hatte. »Wird ooch Zeit, Langer, det du mir hilfst bei die Schinderei hier. Sind noch vom Herbst, die Stubben, aber bald jeht's los, neue rausmachen.«

Irene war inzwischen dreizehn und Kurt acht. »Denn komm mal rin in die Stube«, sagte seine Mutter. »Da ist 'ne jroße Überraschung für dir. Du jloobst es nich, aber du hast noch eenen Bruder jekriegt.«

»Was hab ich? Verwundert blickte der nun fast Neunzehnjährige auf das sechs Monate alte Baby, das ihn aus der Sofaecke so freundlich anstrahlte, als würde es rufen: Hallo, großer Bruder, nett, dich kennenzulernen!

»Wie heißt der denn, und wieso...?«

»Helmut heißt er«, sagte Elisabeth stolz. »Unser kleener

Friedensengel. Euer Vater wollte, det er Herbert heißt, aber ick finde, Helmut klingt irjendwie schöner. Meinste nich ooch? Und nun setz dir man endlich hin und erzähle uns, wat mit dein Been los ist. Hat dir wohl janz schön erwischt?«

»Kannst du wohl laut sagen.« Hans ließ sich auf den Stuhl fallen und bestaunte immer noch seinen neuen Bruder, der sich damit abmühte, die kleine Faust in den Mund zu schieben. Seine Mutter hielt ihm die Zigarettenpackung hin. »Du roochst doch sicher ooch. Sind ›Camel‹ von unsern Corporal Sidney Watson, dem ick die Hemden plätte. Sagen alle Sid zu ihm. Aber leider haut der nun ab von Düppel nach Amerika zurück.«

Hans nahm eine Zigarette und ließ sich Feuer geben. »Ja, mein Bein. Da haben sie mir in Ostpreußen die Kniescheibe weggeschossen. Wie, das erzähle ich euch ein andermal. War dann lange im Lazarett, immer wieder woanders, quer durch ganz Deutschland. Da war nichts mit Schreiben und so. Erst war das Bein ja steif, weil doch alles, ich meine, die Knochen alle deformiert sind...«

»Was du nich sagst! Deformiert sind die? Alle?« Elisabeth zog heftiger an der Zigarette.

»Nun geht's schon etwas besser«, fuhr Hans fort, »weil sie in Hessen im Krankenhaus das Knie noch mal operiert haben. Ob das jemals wieder so richtig wird...« Er zuckte mit den Schultern.

Elisabeth nickte ernst. »Da habt ihr ja beede kaputte Beene aus'm Krieg mitjebracht, dein Vater aus'n ersten und du nun aus'n zweeten Weltkrieg. Wer verantwortet nun so wat? Die Leute, die heute noch dußlich rumquatschen, det Soldaten und Kriege notwendig sind, die bestimmt nich. Die rejier'n ja, die müssen nich selber schießen und ihre Knochen hinhalten.«

Viel gab es noch zu erzählen an diesem Tag. Und schließlich sprachen sie auch darüber, wo Hans jetzt Arbeit finden könnte. »Vater ist in der Berlepschstraße beim Hering-Schuster als Kutscher«, erzählte Elisabeth. »Auto und so is ja nich. Da hat Schuster sich 'nen Jaul und eenen Wagen anjeschafft. Fisch is ooch noch knapp, aber es jibt allerlei Ersatzzeuch dafür.«

»Und der Verdienst?«

»Wer fragt nach Jeld heute?« lachte Elisabeth. »Det ist nich ville, aber es fällt sonst einijes ab dabei.«

»Am besten ist, wenn du dich wieder bei Hallmann in der Werkstatt meldest«, sagte Karl. »Da hast du ja schließlich gelernt. Bestimmt wird der Arbeit für dich haben.«

»Det ist Quatsch!« rief Elisabeth. »Wie kannste denn den Jungen dazu raten? Wat soll der denn beim ollen Hallmann? Da kommt doch nischt bei raus. Nee, jeh man lieber beim Ami arbeeten. Det lohnt sich eher, und vor allen Dingen haste da dein anständijet Essen.«

»Die nennen det ›Motorpool‹«, meldete Gerhard sich. »Oben an der Potsdamer Chaussee, jleich neben der S-Bahn-Brücke, da ist een jroßer Motorpool. Weeßte, da wo die Straßenbaufirma ihren Hof hatte.«

Hans nickte. »Na ja, mit den Amis kenne ich mich ein bißchen aus von Wehrheim her. Aber erst brauche ich ein paar Tage Ruhe. Eine Fahrt war das, ich kann euch sagen! Wie ein Viehtransport, im kalten Güterwagen, auf Stroh...«

»Eener mehr in der Familie! Da muß ick ja zusehn, det ick zusätzlich wat ranschaffe«, redete Gerhard mehr zu sich selbst als zu den anderen. »Wird 'ne schwierije Kiste, aber irjendwie is det Kind schon zu schaukeln.«

Hans war total übermüdet, als er sich in dem schmalen Anbau, der ja eigentlich nur ein Bretterverschlag war, auf das untere der beiden übereinandergebauten Betten legte. Einschlafen konnte er trotzdem noch nicht. Immer noch hatte er das gleichbleibende Rattern der Güterwagenräder in den Ohren: Ratata – ratata – ratata...

In dem Güterwagen waren sie zu fünft. Joachim, er selbst, dann Theo Lehmann, der Kunstmaler war und auch so aussah, wie man sich einen Kunstmaler vorstellte. Eine Glatze in der Mitte des Kopfes, aber rundherum eine dichte, gelockte graue Haarkrause. Nun fehlten ihm drei Finger an der rechten Hand. Er hatte noch nicht wieder ausprobiert, ob es mit dem Malen überhaupt noch ging. Sie hatten Theo kurz nach Weihnachten kennengelernt, als sie in Friedrichsdorf, einem Nachbarort von Wehrheim, in einer Zwieback-Fabrik arbeiteten.

Zu dritt waren sie von Frankfurt bis Bebra in einem normalen Personenzug gefahren, der allerdings auf jedem kleinen Bahnhof hielt. In Bebra endete die Reise, bis nach fast zwölf Stunden Wartezeit bekannt wurde, daß ein aus Personen- und Güterwagen bestehender Zug nach Berlin fahren sollte. Als der lange Zug endlich in den Bahnhof rollte, rief Theo: »Jungs, wir konzentrieren uns lieber gleich auf einen Güterwagen. Bei der Menschenmenge sind die bequemeren Personenwagen sofort überfüllt.« Und so war es auch.

Sie kletterten ziemlich am Ende des Zuges in einen Güterwagen. Und kurz bevor der Zug sich in Bewegung setzte, waren sie zwei Frauen, Mutter und Tochter, beim Einsteigen behilflich. Der Boden des Waggons war mit Stroh bedeckt. In einer Ecke stand sogar ein eiserner Ofen. Leider reichte das Ofenrohr nicht ganz bis nach draußen.

In der Nähe von Eisenach machte der Zug zum erstenmal für längere Zeit halt. Theo kletterte raus und organisierte vom Tender ein paar Kohlen. »Sammelt ihr inzwischen ein paar dürre Zweige zum Anmachen, Jungs!«

Der Ofen schwelte und qualmte dermaßen stark, daß sie alle anfingen zu husten und die Schiebetür öffnen mußten. Damit war die ganze Heizerei sinnlos. Es war kälter als zuvor. Erst als der Zug irgendwo in der sowjetischen Besatzungszone für acht Stunden auf ein Abstellgleis geschoben wurde, gingen Theo und Joachim in ein nahes Dorf, um ein Stück Ofenrohr zu besorgen. Etwas Eßbares konnten sie allerdings nicht auftreiben. Etwas Brot hatte jeder noch in der Tasche, und am ersten Abend holten die beiden Frauen eine Hartwurst aus ihrem Gepäck. Die wurde aufgeteilt. Hauptnahrungsmittel waren verschrumpelte Äpfel, die Joachim, ursprünglich als Mitbringsel für Berlin, in einem Waschpulverkarton verstaut hatte. Mit dem Ofen funktionierte es jetzt besser, nur – wärmer wurde es nicht.

Am zweiten Abend tauchte plötzlich eine Gruppe von verwegen aussehenden Gestalten am stehenden Zug auf. Als Joachim die Schiebetür einen Spaltbreit öffnete, verlangte einer, daß sie alles Gepäck nach draußen werfen sollten. Da rief Joachim: »Verschwindet, ihr Banditen! Wir sind hier zwanzich ehemalije Soldaten, und jeder hat 'nen handlichen Knüppel für euch bereit!« Und nach hinten leiser: »Ihr beeden Invaliden und ihr Weibsen braucht euch ja nicht mitzähln. Wenn ick losleje, denn aber für zwanzich andere mit!«

Daß andere den Wegelagerern nicht so energisch entgegengetreten waren, hörten sie wenig später an dem Geschrei einiger Frauen in den vorderen Wagen. Für weitere Vorfälle besorgten sie sich nun doch ein paar Knüppel und versperrten die Schiebetür dann mit Draht. »Wer mal raus muß, der muß eben warten, bis die Jelejenheit jünstich dafür is!«

Es war in der dritten Nacht, als der Zug mit quietschenden Bremsen hielt, als das Rucken der aufeinandertreffenden Puffer sich von der Lokomotive bis nach hinten zum letzten Wagen fortpflanzte. Hans hatte sich aufgerichtet. Es war nicht ganz dunkel. Der Mond warf matte Schimmer durch die kleinen Luken, die unter dem Wagendach waren. Er tastete zuerst nach dem Ofen; der walt kalt. Dann erst sah er die Bewegung im Stroh, nur einen Meter entfernt, da wo Joachim neben dem hübschen Mädchen lag.

Hans wunderte sich wieder einmal, wie schnell das bei manchen ging. Und sie waren schließlich nicht allein, die Mutter des Mädchens war doch auch da. Aber die lag gar nicht mehr neben ihrer Tochter! Und Theos Platz war auch leer. Endlich, als seine Augen sich an das schwache Licht gewöhnt hatten, entdeckte er sie drüben auf der anderen Seite an der Waggonwand. Zugedeckt sahen ihre Körper wie einer aus. Das war ja vielleicht ein Ding! Und er lag wieder einmal hier wie Nulpe und fühlte sich als fünftes Rad am Wagen, während die anderen sich schön warm hielten und miteinander vergnügten.

Hans hörte den stärker werdenden Regen über sich auf die Dachpappe prasseln. Nebenan in der Wohnstube brüllte sich sein kleiner Bruder die Lunge aus dem Hals. Hm, die Alten, die konnten es noch genauso gut wie früher. Schließlich war Klein-Helmut der beste Beweis dafür. Sein Vater war achtundvierzig, seine Mutter zehn Jahre jünger. Da hatte er doch noch viel Zeit mit seinen neunzehn Jahren, oder? Nicht einmal bei Else in Wehrheim hatte er es richtig versucht, wenn er sie abends nach dem Tanzen in Brauns Wirtshaus zum Hof ihrer Eltern zurückbrachte. Dabei hatte er manchmal gespürt, daß sie gar nicht so abgeneigt war, mit ihm in die Scheune und ins Heu zu gehen. Seine verflixte Schüchternheit!

You stinking bastard of Nazi!

Am 1. April 1946 fing Hans Kramer als Automechaniker bei den Amerikanern in Zehlendorf an. Sie waren sechs deutsche Schlosser, die unter der Aufsicht eines Sergeanten arbeiteten. Der war aber meist abwesend. Und wenn er auftauchte, rief er mehrmals: »Go on!«, und schon war er wieder verschwunden. Jeden Mittag wurden die Arbeiter auf einem LKW nach Zehlendorf-Mitte gefahren, wo es für alle ein Essen gab im Saal eines beschlagnahmten Lokals. Mitnehmen durften sie aber nichts, das war ihnen ausdrücklich untersagt. In dem Motorpool arbeitete Hans etwas länger als zwei Monate. So lange dauerte es, bis der Oberleutnant, der den Motorpool leitete oder kommandierte, dahinter gekommen war, daß er »a stinking bastard of Nazi« war.

Aber noch war es nicht soweit. Hans war einem älteren Berliner namens Horst zugeteilt, der sich als Spezialist zeigte, was die amerikanischen Autos anbetraf. Meistens hatten sie mit Jeeps zu tun, aber auch mit den schweren Wagen der Offiziere, die bereits über den »großen Teich« transportiert worden waren; Ford, Chevrolet, Plymouth und wie die Schlitten alle hießen. Sogar ein Cadillac war dabei. Und dieser Kollege betrieb hier still und leise seine eigenen Geschäfte. Es war so üblich, daß Horst die Probefahrten mit den reparierten Fahrzeugen machte. Eigentlich sollte der Sergeant mitfahren, aber der hatte andere Dinge zu tun. Viele Amerikaner hatten sich in Berlin sehr schnell einen eigenen, ganz privaten Aufgabenbereich geschaffen. Also machte Horst die Probefahrten allein. Und als sie sich besser kannten, nahm er Hans ab und zu mit.

Die Geschichte nahm dann folgenden Verlauf: Er tankte den Wagen auf dem Hof voll, fuhr dann die »Eichen« und die Schloßstraße hoch bis zur Feuerbachstraße, wo er auf einem Hinterhof eine Garage besaß. »Hier war früher mal mein Fuhrunternehmen«, erklärte er Hans. »Will bald wieder damit anfangen. Da muß man die Jelejenheit nutzen und vorsorjen!«

Er pumpte also den Kraftstoff aus den Tanks der amerikanischen Autos in seine eigenen Fässer. Niemand kümmerte sich darum, daß die Wagen bei einer Probefahrt so große Mengen an Kraftstoff verbrauchten, bis...

Eines Tages gab es ein großes Geschrei und scharfe Kontrollen. Der Kraftstoffschwund war nicht mehr zu übersehen. Zu schnell war der Behälter, den die Straßenbaufirma vor vielen Jahren für den Eigenbedarf in die Erde gebracht hatte, leer. Diebstahl! war der erste Gedanke des kleinen Oberleutnants, der jeden deutschen Arbeiter höchstpersönlich ins Gefängnis bringen wollte. »These dammn' german gangsters!« Das Pflaster neben der Zapfsäule wurde aufgerissen. Und dabei stellte sich heraus, daß ein Loch im Ansaugrohr war. Ein großer Teil von dem Benzin, das heraufgepumpt wurde, versickerte im Boden. Aber Horst stellte seine Vorratswirtschaft nun ein. Wahrscheinlich war ihm die Sache nach all den Strafdrohungen des Oberleutnants doch zu mulmig geworden.

Es war Anfang Juni, als der drahtige Oberleutnant in die Werkstatt gestürmt kam. Mit rotem Gesicht schimpfte er laut: »That stinking bastard of Nazi! Kramer, you Nazi, komm mit! Kramer! You stinking bastard...«

Hans stand mit Horst in der Montagegrube. Sie bauten eine Kardanwelle ein. »Wat will der Macker denn von dir?« sagte der Kollege. »Ist ja janz aus dem Häuschen, der Typ.«

Hans wischte sich die Hände an einem Putzlappen ab. Soll

das denn nie ein Ende haben? dachte er. Muß man sich ewig von jedem Blödmann derart mit Nachnahmen anschreien lassen? Erst in der Schule dieser SA-Lehrer: »Krammerrrr, du Stinktier!« Der Lehrmeister: »Kramer, zieh die Radmuttern richtig an!« Die Brüllaffen beim Militär: »Hinlegen, Kramer! Auf! Hinlegen!« Und jetzt auch noch ein amerikanischer Offizier: »Kramer, you Nazi, Kramer...« Bei seiner Beerdigung würde der Pfarrer wohl auch sagen: »Der Herr segne deinen Ausgang, Kramer!« Und er hatte immer antworten müssen: »Jawohl, Herr Dabusch! Jawohl, Meister! Jawoll, Herr Feldwebel!« Und jetzt auch noch: »Ja, Herr Oberleutnant.«

Was würde der Kerl wohl sagen, wenn er jetzt aus der Montagegrube stieg und ihn doof fragte: »Was gibs denn, Grünthaler?« Er fragte aber höflich: »Ja bitte? Was ist?« Als er unter dem Fahrzeug hervorkam, sprang ihm der kleine Mann fast an die Gurgel, jedenfalls streckte er beide Hände mit gespreizten Fingern nach seinem Hals aus. Was war denn nun kaputt? Irgend etwas schien faul zu sein, aber was? Der Offizier ergriff Hans am Arm, schob ihn vor sich her, rief etwas, worin wieder das Wort »Nazi« enthalten war, und deutete nach vorn auf das Büro. Hans glaubte, daß die Amis nun doch dahintergekommen waren, daß er in letzter Zeit mehrere Bahnen weißes Leinen geklaut hatte. Die Stoffballen hatte ein Kollege eines Tages rein zufällig in der hintersten Ecke des Materiallagers entdeckt, wo sie zwischen hochaufgestapelten Kartons standen. Und weil es zur Zeit gerade in Mode kam, diese kurzärmeligen weißen Buschjacken zu tragen, schlichen sich einige deutsche Arbeiter in das Lager und holten von dem Leinen, soviel sie brauchten. Auch Hans hatte sich bei einer Freundin erkundigt, wieviel Stoff man für eine Buschjacke benötigte. Kurz vor Feierabend verschwand er im Lager und schnitt eine Bahn von dem Stoff ab. Schnell

Jedem der vier Düppeler Insthäuser, in denen jeweils bis zu sechs Familien lebten, war ein Hausstall zugeteilt. Darin hielten die Gutsarbeiter Hühner und Gänse, oft auch Schweine. Auch die Klosetts der Familien befanden sich hier.

Am 4. Juli 1945 kamen die Amerikaner auch nach Düppel. Der Dressurreiter und Pächter des Hofs Major a. D. Bürkner interessierte den amerikanischen Stadtkommandanten General Howley für den Reitsport. Zeitweilig standen achtzig bis einhundertzwanzig Reitpferde in den Stallungen. (Foto: Walter Witzke)

zog er sich aus, wickelte das kühle Leinen um seinen Körper, an dem er jede Rippe zählen konnte, und kleidete sich wieder an. Als er später am Torposten vorbeiging, fiel es gar nicht auf, daß er ein wenig dicker geworden war. Und dann wollten seine Freunde auch alle Stoff für Buschjacken haben. So mußte Hans mehrmals kurz vor Feierabend ins Lager. Die Folge war, daß die Ballen merklich zusammenschrumpften.

Aber das war es nicht. Wahrscheinlich interessierte die Amerikaner der billige Stoff überhaupt nicht. Kaum im Büro, bekam Hans von Grünthaler zu hören, daß er ein hinterhältiger Nazi wäre, der sich hier eingeschlichen habe, um die US-Armee zu unterminieren und zu sabotieren.

Hans schwitzte. »No, no, Boß!« stotterte er. »Ich habe noch nie was unterminiert oder sabotiert! Ich weiß gar nicht, was das sein soll; was ist los?«

Jetzt wedelte der Amerikaner mit dem Einstellungsfragebogen vor seiner Nase herum und warf ihm vor, seine Zugehörigkeit zur NSDAP verschwiegen zu haben. Hans erfuhr, daß die Sache ihm zehn Jahre Gefängnis einbringen konnte.

»Aber... ich war doch gar nicht richtig... in der Partei, meine ich...« stammelte er ängstlich. »Da war ich doch gar nicht richtig drin.«

Der Offizier lief in dem Büro herum, schimpfte. Hans verstand nur »...these fucking bastards...« Endlich blieb er stehen. »Mit Absicht haben Sie unseren Fragebogen falsch ausgefüllt«, sagte er in einwandfreiem Deutsch. »Sie haben Ihre Mitgliedschaft in der Nazi-Partei verschwiegen.«

»Das muß ich übersehen haben, ich meine, diese Frage.« Doch er wußte noch ganz genau, was er in den Fragebogen hineingeschrieben hatte. Beruf: Autoschlosser, Funktionen vor 1945: Feuerwehr-HJ, Arbeitsdienst und Soldat. Na, das genügte doch. Vater: Beruf: Pferdepfleger, Funktionen vor

1945: Sozialdemokrat. In dieser Partei war sein Vater zwar nicht, aber er dachte doch sozialdemokratisch. Mutter: Beruf: Landarbeiterin und Hausfrau, Funktionen vor 1945: Mutter von vier Kindern. Mutterkreuzträgerin konnte er ja schlecht reinschreiben.

Bei der Frage nach der Mitgliedschaft in der NSDAP hatte er einen Strich gemacht. Daß die ihm noch kurz vor der Einberufung zum Reichsarbeitsdienst in einer Feierstunde das Parteiabzeichen angesteckt hatten, das zählte doch gar nicht. Er besaß ja noch nicht einmal etwas Schriftliches darüber. Um so größer war jetzt sein Erstaunen, daß die Amis das herausgefunden hatten. Trotzig wollte er schon sagen, daß er in Hessen auch für die US-Armee gearbeitet hatte, doch dann ließ er es doch lieber sein. Wenn die sich schon über ihn so aufregten, was würde dem großen Parteigenossen Heinrich Hilpert erst passieren, wenn der zurückkam?

Der Oberleutnant kündigte ihn fristlos und forderte ihn auf, das Gelände unverzüglich zu verlassen.

Am nächsten Tag betrat Hans den Motorpool doch noch einmal. Der Posten ließ ihn passieren, weil er annehmen mußte, daß Hans noch in der Werkstatt arbeitete. Hans schlich um die Gebäude und Fahrzeuge herum und suchte einen ständig angetrunkenen Sergeanten, der ihm für eine Armbanduhr, die Hans ihm dummerweise schon im voraus überlassen hatte, eine Stange Zigaretten geben wollte. Das war ein Vermögen für Deutsche. Eine einzige Zigarette kostete zur Zeit zehn bis zwölf Reichsmark. Und für Zigaretten konnte man vieles eintauschen. Doch bevor er den Sergeanten fand, entdeckte ihn der kleine Oberleutnant. Das ganze Theater vom Unterminieren und Sabotieren, vom »stinking and fucking bastard« ging erneut los.

Hans verstand nur noch »Militärpolizei« und machte sich, so schnell es sein Bein zuließ, aus dem Staub. Der Offizier folgte ihm noch bis zum Tor, während der Posten belustigt grinste. Darum rief Hans zurück: »Yes! Yes! Thank you, Mister Grünthaler! Leck mich mal... leckt mich alle mal!«

Die Armbanduhr gehörte ihm gar nicht. Die hatte Willi Schirzke aus Düppel ihm zum Umtauschen mitgegeben. Das würde auch noch Ärger geben.

Mit dem Umtauschen machten die Amerikaner überhaupt gute Geschäfte. Einmal war Hans in der Leichardtstraße gewesen, oben am Krankenhaus Oskar-Helene-Heim, wo die US-Armee ihr Hauptquartier hatte. Da war ganz offiziell eine amerikanische Umtauschzentrale eingerichtet worden, sozusagen ein amtlich genehmigter schwarzer Markt. Seine Mutter hatte ihm eine nicht mehr ganz neue, aber gut erhaltene Damasttischdecke mitgegeben, das wertvollste Stück, das Kramers überhaupt besaßen. Dafür sollte er etwas »Nahrhaftes, Kalorienreiches« und etwas »Rauchbares« eintauschen. Er stand zwei Stunden auf der Straße vor dem Haus, denn die Schlange war sehr lang. Alle hatten sie ihre Kostbarkeiten dabei: Kaffee-Service, Decken, Teppiche, kostbare Bücher und Gemälde, Meißner-Porzellan und Schmuck, alle Arten von Schmuck. Langsam ging es durch die untere Etage des Hauses. Jeder gab seine Wertgegenstände ab und bekam als Gegenleistung Punkte. Mit den Punkten begab er sich zur Warenausgabe. Hier gab es Zigaretten, Kaffee, Milchpulver, Kekse, Schokolade, Wurst und Fleisch in Büchsen und vieles mehr. Alles war von guter Qualität, vieles sehr nahrhaft, doch in Wirklichkeit war das, was man hier als Gegenwert ausgehändigt bekam, total überbezahlt.

Hans empfand das als eine für sich sprechende Erniedrigung der Kriegsverlierer. Er fragte sich: Was machen die

Amis jetzt mit der ollen Damasttischdecke, mit dem großen Gemälde da drüben, das der alte, ausgemergelte Mann kaum noch halten kann, mit der alten, sicher sehr wertvollen Bibel, die da vorn eine Frau noch mal einer anderen zeigt, bestimmt um zu fragen, was die ihr wohl dafür geben würden? Richtet man in Amerika ein großes Museum ein und schreibt darüber: Beutestücke aus Deutschland? Was mit den Lebensmitteln geschah, die sie dafür bekamen, das wußten sie alle. Die waren in wenigen Tagen aufgegessen.

Als Hans jetzt von der Potsdamer Chaussee durch den Park zur Königsstraße hinüberlief, dachte er darüber nach, wo das größere Übel zu sehen war: War es gemein von den sowjetischen Soldaten, den Leuten die Armbanduhren wegzunehmen, oder war es gemeiner, den Leuten für kostbare Sachen billige Verbrauchsgüter anzudrehen? Auf alle Fälle sah das Letzte nobler und humaner aus.

Willi Schirzke wollte drei Packungen von den Zigaretten abgeben. Jetzt hatten sie beide nichts. Hans hatte seine Arbeit verloren, und Willi war seine Uhr los. Er hörte jetzt schon Willis Gejammer. Dabei hätte er die Uhr doch bei seiner Reiterkundschaft eintauschen können. Aber das traute er sich nicht. Seine amerikanischen Reitschüler könnten ihn ja schief ansehen. Darum ließ Willi solche Geschäfte lieber andere für sich erledigen, auch wenn er dabei immer wieder reinfiel.

Ein paar Wochen später, Hans hatte den Motorpool und die Uhr schon fast vergessen, da drückte Willi ihm drei Flaschen in die Hände. »Du, Hans, ihr jeht doch Sonnabend bestimmt wieder in die ›Krumme Lanke‹ zum Tanzen, wa? In die drei Flaschen hier, da ist prima, erstklassiger Weinbrand drin. Pikobello, sag ick dir! Könnt ihr doch im Lokal an die Amis oder an die Polen verkoofen. Dreihundert nur die Flasche, fünfzig sind dann eure.«

»Fünfzig für alle drei Flaschen?«

»Nee, für jede, Junge!«

Hans sah den kleinen Jockei zweifelnd an. »Ich weiß nicht, Willi... Mal sehen, ob die anderen dabei mitmachen. Und du garantierst dafür, daß da kein Muckefuck drin ist?«

»Aber klar doch! Wofür hältste mir denn? Mein Ehrenwort, Junge! Würde den Schnaps doch selbst behalten für die Kneipe, die ick bald in Düppel uffmachen will. Wo's doch die Wirtschaft vom Paule Tressin nicht mehr jibt. Aber im Moment ist det alles noch zu unsicher, weeßte.«

Hans, sein Vetter Alex, Kurt Molinsky und Kalle Glück gingen jeden Mittwoch, Sonnabend und Sonntag zum Tanzen in das Restaurant an der Krummen Lanke. Das war ein Holzbau mit einer großen verglasten Veranda, vor der es einen Kaffeegarten gab, der bis an den See reichte. Für alle gab es unendlich viel nachzuholen in den Jahren nach dem Krieg. Und weil das Nachholbedürfnis bei allen jungen Leuten besonders groß war, mußten sie frühzeitig da sein, um noch einen Tisch zu bekommen.

An einem Sonnabend wollte Hans den »Weinbrand« von Willi Schirzke verkaufen. Alkohol war knapp und teuer; sie selbst tranken nur das dünne Bier, das sie respektlos »Pissolin« nannten, und manchmal auch so ein süßliches, weinähnliches Getränk, das als »Alkolat« angeboten wurde. Sie hatten oben hinter der Brüstung einen guten Tisch bekommen. Von hier aus hielten Hans und seine Freunde Ausschau nach Kundschaft. »Die drei da drüben neben der Tür«, meinte Alex. »Die sehen so halbuniformiert aus. Irgendwelche Zivil-Amis. Die haben meist Penunse in der Tasche.«

Vorsichtshalber nahm Hans erst einmal eine Flasche mit, die er verdeckt zwischen Arm und Körper trug. Zögernd trat er an den Tisch. Er sah sich rasch um, stellte fest, daß kein

Kellner in der Nähe war, und fragte: »You kaufen good Cognac? Dreihundertfünfzig for you.«

»Gib her!« Es waren drei Polen. Ohne ein weiteres Wort zu verlieren, nahm ihm der eine die Flasche ab. Er grinste Hans fröhlich an, als er ein Taschenmesser mit Korkenzieher hervorzauberte. Er grinste auch noch, als er den Korken herausgezogen hatte und daran herumschnupperte. Die anderen beiden sahen mit gespannten Gesichtern zu. Nur Hans fühlte sich zusehens elender und trat von einem Bein auf das andere. Als sein Kunde etwas von dem Flascheninhalt in ein Glas kippte, fragte Hans sich voller böser Ahnungen, warum dieser Weinbrand, den er auch noch als Cognac angeboten hatte, wohl so blaßrot aussah? Weinbrand sah doch ganz anders aus. Das muß der halbuniformierte Pole auch gedacht haben. Er kostete nicht mal davon. Er sagte laut: »Das ist Pisse!« und schüttete ihm das halbvolle Glas ins Gesicht. »Kein Schnaps, Pisse!«

Hans stand da wie ein begossener Pudel. Das Zeug brannte noch nicht einmal in den Augen. Es war aber klebrig und schmeckte irgendwie nach Himbeeren. Als er sich das Zeug mit dem Taschentuch aus dem Gesicht wischte, sah er gerade noch, wie die Männer den Inhalt der Flasche einfach in einen Blumenkasten kippten. Da machte er schleunigst kehrt und ging zu den anderen zurück. Sein bestes Oberhemd war mit Flecken übersät.

»Na, wenigstens ist det nich wat Chemikalischet, wat Löcher in Stoff brennt«, tröstete ihn Kurt.

Als sie die beiden Flaschen, die verblieben waren, selbst austranken und dem Kellner dafür noch Korkengeld zahlen mußten, stellten sie fest, daß es sich bei Willis Weinbrand um mit viel Wasser und etwas Alkohol vermischten Himbeersaft handelte. Kalle machte: »Brrrrrr!« und sagte: »Aber weg muß det Zeuch ja. Da haben wir schon bessere Sachen jemixt, wa? Und ohne det wir behauptet haben, det es sich um Cognac handelt.«

»Na warte, Willi!« schimpfte Hans, und nicht einmal sein Lieblingsschlager »Bei mir bist du schön von acht bis um zehn...« konnte ihn aufmuntern. »So ein Arschloch!«

Um dreiundzwanzig Uhr mußte das Lokal schließen, diesmal mit Glenn Millers »Little Brown Jug« zum Abschluß. Und noch unterwegs sangen sie ihren eigenen Text zu der Melodie: »Das ist schön, das ist schön, das ist ja so wunderschön!«

Als sie eine halbe Stunde später durch Düppel kamen, von der Krummen Lanke bis zur Laubenkolonie brauchten sie gewöhnlich eine knappe Stunde, tauchte Willi Schirzke plötzlich wie ein Geist hinter den Sträuchern auf. »Na, Jungs, hat's jeklappt? Seid ihr die Pullen losjeworden? Habt euch ja mächtig ville Zeit jelassen. Steh mir schon die Beene in Bauch! Denn kommt man rüber mit die Mäuse.«

»Hat sich was mit Mäuse, du Ratte«, sagte Alex und packte ihn vorn am Hemd. »Hör mal, du Saftpanscher, wenn du nicht schnellstens Leine ziehst, passiert ein Unglück!«

»Ja aber... mein Geld... die Schnapsflaschen...?«

»Schnaps, sagt er!« Hans schüttelte den Kopf. »Ins Gesicht geschüttet haben die mir dein Gebräu! Denkst du, da haben wir's noch mal versucht? Und ein neues Hemd kannste mir besorgen.«

Als sie über die Bohlen zum Bahnübergang Bude 18 hinunterliefen, hörten sie Willi noch immer fluchen.

»Vielleicht wußte der arme Kerl janich, det nur Saft in seine Pullen war«, sagte Kurt.

»Doch«, meinte Kalle, »det muß die Pflaume jewußt haben, schließlich will er mal Kneipjeh werden!«

Alex lachte. »Hier 'ne Kneipe. Lohnt sich doch nicht.« Er sah auf seine Uhr. »Acht Minuten vor zwölf schon! Wenn wir uns beeilen, kriegen wir ›In the Mood‹ noch mit!«

»Denn jehn wir erst alle bei mir rin!« rief Kalle. Genau um Mitternacht beendete der amerikanische Sender sein Programm mit dem Stück, das sie, obwohl schon oft gehört in letzter Zeit, immer wieder mitriß: »In the Mood«.

Ein bunt zusammengewürfelter Haufen

Jeder versuchte zum Unterhalt der großen Familie etwas beizutragen. Elisabeth Kramer war bemüht, möglichst viel an Obst und Gemüse aus dem Garten herauszuholen. Was natürlich seine Grenzen hatte, zumal sie in einem Teil des Gartens Tabak anbauten. Sie fuhr zur Kirschenzeit mit den Kindern hinaus nach Werder, dem schön gelegenen ehemaligen Ausflugsziel der Berliner. Hier bestand die Möglichkeit, Kirschen, aber auch Johannisbeeren und anderes Obst zu pflükken. Da bekamen sie dann einen Pflückschein, der verhinderte, daß ihr Selbstgeerntetes auf der Rückfahrt beschlagnahmt wurde, wenn es eine Kontrolle gab.

Kramers besaßen 1946 sehr wenig, das sie in der Umgebung Berlins bei den Bauern gegen etwas Eßbares hätten umtauschen können. Aber Elisabeth wühlte so lange im Schrank und in der Kommode herum, bis sie doch noch etwas fand, und wenn es nur Häkeldeckchen oder ein paar nicht mehr ganz komplette Sammeltassen waren. Und fuhr ein paarmal mit Gerhard und Kurt zum Hamstern.

Nach der Melodie von »Chattanooga Choo Choo« sang Bully Buhlan den Text: »Hallo, mein Freund, fährt dieser Zug nach Kötschenbroda?« Ein typisches Berliner Nachkriegslied, das Tausende auf ihren sogenannten »Hamsterfahrten« begleitete. Das Wort »Hamstern« konnten damals nur Leute geprägt haben, die mit ihren dicken Kriegsgewinnlerhintern auf üppigen Warenlagern saßen, um auf die Zeit zu warten, in der sie damit noch größere Gewinne erzielen konnten. Alle anderen, die eng zusammengepreßt, hungrig und oft frierend in den Vorortzügen saßen, die draußen im kalten Fahrtwind an den Waggons hingen, diese Menschen waren keine Hamster. Sie konnten sich die Keller und Böden nicht mit Vorräten füllen, sie konnten mit dem bißchen, das sie am Ende mitbrachten, gerade eben überleben.

Elisabeths Ausbeute sah mager aus. Einmal bekamen sie Pellkartoffeln, die noch richtig schön heiß waren. Da saß sie in dem sauberen Dorf auf einer niedrigen Mauer und aß mit ihren Jungen Pellkartoffeln. Die restlichen verstaute sie für die übrige Familie. Bei einer anderen Fahrt erhielten sie einen Sack mit einem halben Zentner Kartoffeln. Aber die Kartoffeln waren alt, suppten oder waren zusammengeschrumpelt. Und das für drei guterhaltene Küchenhandtücher.

Sie hatten Glück und konnten das Wenige nach Hause bringen. Anderen nahmen Kontrollen die Lebensmittel weg, weil das »Hamstern« verboten war.

Einmal, als Elisabeth mit Gerhard weit über Brandenburg hinaus gefahren war, wurde der Zug in einer kleinen Stadt von zwei sowjetischen Soldaten angehalten. Die Soldaten holten zwölf junge Männer, darunter auch Gerhard, aus dem Zug. Sie mußten in Zweierreihe antreten. Begleitet von den beiden Russen und gefolgt von ihren ängstlichen Angehörigen, kamen sie zu einem abgelegenen Haus. Davor stand ein Militärlastwagen, neben dem ein Offizier wartete. Der zeigte auf eine Garage, in der ein gut gepflegter Mercedes stand. Der Wagen hatte aber keine Räder mehr und war aufgebockt. Mit viel Geschrei hoben die Männer aus dem Zug und die beiden Soldaten den schweren PKW hoch, schleppten ihn hinaus und schoben ihn auf den Lastwagen. Dann zogen alle wieder in Zweierreihe zum Bahnhof zurück, wo der Personenzug auf militärische Anordnung warten mußte.

Gerhard und seine Mutter erzählten dieses Abenteuer sehr oft. »Wat sind det für Zeiten«, schimpfte Eliabeth. »Als ob der Iwan nich Soldaten jenug hat zum Autorumschleppen! Nee, da müssen unsere Jungs mit leerem Magen...«

»Was meinst du wohl, was die Russen alles für unsre Leute schleppen mußten in Rußland«, sagte ihr Bruder Otto.

Karl brachte manchmal ein bißchen was von Herings-Schuster mit, doch da war das Angebot auch noch recht rar. Er fuhr mit seinem Pferdewagen alles mögliche durch die Stadt, nur selten das, was eigentlich das Geschäft eines Fischhändlers ist. Einmal war er übers Wochenende zu seinem Halbbruder nach Mecklenburg gefahren. Willi war noch, oder besser, er war wieder bei der Bahn, aber nun nicht mehr als Vorsteher, sondern als Hilfsarbeiter. Da er aktiver Nationalsozialist gewesen war, hatte man ihn verhaftet und in ein Arbeitslager gebracht. Als er nach einem halben Jahr entlassen wurde, kam er sich selbst wie ein Verfolgter vor. »Dabei bin ich bloß immer einer großen Idee treu geblieben«, hatte er im schönsten Selbstmitleid zu Karl gesagt. »Und für die Treue wird man dann bestraft und kommt ins KZ.«

»So schätz ick den ooch ein«, sagte Elisabeth, als Karl davon erzählte. »Ick jloobe, in die russische Zone jehn die mit die Nazis härter um als hier bei uns.«

»Das hat ihn aber alles kaum verändert«, berichtete Karl. »Ich mußte mir anhören, daß wir den Krieg doch noch gewonnen hätten, wenn die Amerikaner und Engländer mit den Deutschen sofort gemeinsam gegen die Sowjetunion losgezogen wären. Stell dir mal vor, so denkt Willi heute noch.«

»Ach, der olle Affe! Denn wären ja noch mehr Menschen umjekommen.«

Bei den Verwandten gab es also kaum etwas zu holen. Wenn Karl in seinem Rucksack trotzdem etliche Pfund Weizenmehl, Fleisch und etwas Schweinefett mitbrachte, dann, weil er viele Leute in Mecklenburg noch von früher kannte.

Gerhard, der meist als Einzelgänger loszog, kam selten mit leeren Händen zurück. Wenn er mit seinem Fahrrad die sowjetische Zone aufsuchte, fuhr er über die eiserne Treidelbahnbrücke an der Teltow-Werft hinüber bis zu den Rieselfeldern. Aber die wurden mit der Zeit immer schärfer bewacht. »Jetzt haben die Bauern sich ooch noch Hunde zujelegt!« erzählte er. »Und wat für scharfe Biester! Ick muß mir nach andere Quellen umsehn.«

Die anderen Quellen blieben der Familie vorerst unbekannt. Das war sein Geheimnis. Es fragte ihn auch niemand, woher er das Brot hatte, die Haferflocken, die Wurst, den Käse oder die Margarine. Wenn Gerhard etwas zum Schnabulieren mitbrachte, setzten sich alle mit leeren Mägen und hungrigen Augen an den Tisch. Nur Karl sagte manchmal, wenn Gerhard wie aus dem Nichts zwei Weißbrote auf den Tisch legte und eine Literflasche Milch danebenstellte: »Wenn das mal auf die Dauer gutgeht!«

»Wat du nur wieder hast«, murrte Elisabeth dann. »Der Bengel ist uff'n Kien, der sorgt für die Familie! Wenn die den beim Schlafittchen kriejen woll'n, müssen die früher uffstehen.« Sie sah Hans an: »Wenn du man ooch bloß een bißchen mehr uff'n Kieker wärst. Nich mal Arbeit haste.«

So mußte Hans sich schnellstens um eine neue Arbeitsstelle bemühen, um wenigstens eine »kalorienreichere« Lebensmittelkarte zu bekommen.

Der Besitzer des nächsten Betriebes, in dem Hans als Autoschlosser anfing, besaß jede Voraussetzung für einen rasanten Aufstieg. Meister Meier hatte eine Autowerkstatt mit Tiefgarage unter einem Wohnblock am Breitenbachplatz. Natürlich gab es 1946 noch wenige Besitzer von privaten Autos in Berlin. Wo sollten die auch herkommen? Die Autos aber, die schon auf den vom Schutt freigeschaufelten Straßen fuhren, die waren so alt und klapprig, daß die Reparaturen daran nicht abrissen. Reparaturen waren aber nicht Meister Meiers Hauptgeschäft. Der hatte schnell bessere Möglichkeiten erkannt. Mit einem Abschleppwagen fuhren sie in der Stadt umher, suchten nach einigermaßen erhalten gebliebenen Autowracks, die sie in der Werkstatt neu aufbauten. Manchmal bauten sie aus zwei, drei oder sogar vier Wracks einen einzigen fahrtüchtigen Wagen zuammen. Der Alte verkaufte sie und machte gute Geschäfte damit. Die Nachfrage war bereits groß. Das ging sogar so weit, daß der Reparaturdienst dabei zu kurz kam.

Eines Tages brachte ein Kunde seinen Wagen, der von Hans durchgesehen werden sollte. Unter anderem mußte auch der Vergaser gereinigt werden. Noch kurz vor Feierabend zerlegte Hans den Vergaser in seine diversen Einzelteile. Am nächsten Morgen, als er die gereinigten Teile wieder zusammensetzen wollte, fehlte das Schwimmergehäuse. Hans suchte vergeblich. Er ging ins Büro des Meisters. »Meister, von dem Opel, an dem ich da arbeite, ist über Nacht das Schwimmergehäuse vom Vergaser verschwunden. Hab überall gesucht. Muß einer geklaut haben.«

»Hat keener jeklaut, hier ist es!« Der Alte brummelte vor sich hin und drückte Hans ein Gehäuse in die Hand. Der fragte ganz verdattert: »Ja aber... warum...?«

»Streng deine matschije Birne nich an, sondern mach den Wagen fertig!«

Erst als er den Vergaser wieder zusammengebaut hatte und den Motor laufen ließ, entdeckte er den Riß im Gehäuse. Und der war am Vortag nicht dagewesen. Noch einmal ging er zum Meister. »Das Gehäuse hat plötzlich einen Riß und wird ganz feucht.«

»Du bist ooch feucht hinter die Ohren!« meckerte der Meister. »Ick hab det Jehäuse jebraucht für een Kunden, der den neuen Wagen nachher abholt, verstehste? Und wenn dein Kunde uffkreuzt, sagste einfach, det sein Verjaser pißt und det er warten muß, bis wir een neuet Teil besorgt haben. Klar? Kann zwee, drei Tage dauern. Und nun zisch ab, du Dämlack!«

Das ist es denn ja wohl, dachte Hans. Gegen Mittag erschien der Kunde, der sich den neu aufgebauten Opel bestellt hatte, und fuhr damit freudestrahlend aus der Garage. Nur Hans mußte sich das Geschimpfe seines Kunden anhören. Er wußte, daß Meister Meier für die Autos kaum Geld nahm, daß er sich mit den verschiendensten Mangelwaren bezahlen ließ.

Sie waren ein bunt zusammengewürfelter Haufen bei Meier in der Werkstatt wie überall, wo die Nachkriegszeit ihre Überbleibsel hinspülte. Ein einarmiger ehemaliger Bauschlosser, den sie »Bulljon« nannten, ein paar gelernte oder angelernte Automechaniker, ein Taxifahrer, der Ede hieß und nun den Abschleppwagen fuhr, und noch ein paar undurchsichtige Typen.

Natürlich hatte der Alte einen heißen Draht zu den Behörden und zu den richtigen Leuten bei den Besatzungsmächten. Schmieren war leicht, wenn man etwas zum Schmieren besaß. Die Arbeiter in der Werkstatt hatten wenig davon. Oft schnitten sie eine Camel-Zigarette mit einer Rasierklinge in drei gleiche Teile und rauchten sie in Zigarettenspitzen. Und wenn überhaupt nichts Rauchbares greifbar war, sangen sie in der Nähe des Meisters zur Melodie von »Sentimental Journey«: »Ach, ich wünscht', ich hätte was zu rauchen, ach wie schön, wie schön das wär...«

Der Chef verdiente so gut, daß er den Männern an jedem

Freitag nach der Lohnzahlung ein paar Flaschen Schnaps spendierte. Es war nicht gerade der beste Schnaps, eben das, was in dieser Zeit so an Fusel im Umlauf war. Dann saßen sie neben dem Büro am Tisch, tranken, redeten über die Arbeit, über die Zukunft und über das, was jeder einzelne noch alles so machen wollte. Über die Vergangenheit wurde selten gesprochen. Die Vergangenheit war ihrer Meinung nach bewältigt, vergessen, vorbei. Und wenn doch einer, vom Alkohol umnebelt, anfing zu erzählen, wie er an der Ostfront sein Infanteriesturmabzeichen »erkämpft« hatte, riefen sie: »Hör auf mit der Scheiße! Will doch keiner hören. Laßt Ede erzählen, was er vor dem Krieg erlebt hat als Taxifahrer!«

»Nich jeden Freitag denselben Stuß!« protestierte Ede. »Det ist doch allet längst passé.« Und dann erzählte er doch wieder, auf welche Weise manche leichten Mädchen die Taxirechnung beglichen hatten und wie er schwule Landjunker durch die Stadt fahren mußte, die auf der Suche waren nach ihren Erfüllungsgehilfen. Dann war es immer an der Zeit für Hans und einige andere, Schluß zu machen und nach Hause zu fahren. Es dauerte dann nicht mehr lange, und die Spielkarten lagen auf dem Tisch. Sie spielten mit hohen Einsätzen »Siebzehn und vier«, »Sechsundsechzig« oder »Poker«. Und weil Meister Meier ein gerissener Spieler war, kam es nicht selten vor, daß er seinen Leuten das Geld, das er ihnen am Nachmittag ausgezahlt hatte, im Laufe des Abends wieder abluchste.

»Dir behält der Olle bestimmt nich lange«, sagte Ede eines Tages zu Hans. »Der hält dir nämlich für affig, weil du Freitag nie mit ihm Karten spielst. Würd ick mal drüber nachdenken.«

Hans war empört. »Aber warum denn? Der kann doch meine Arbeit nicht vom Kartenspielen oder Mitsaufen abhängig machen. Mensch, wir brauchen det Jeld! Ick hab noch vier jüngere Geschwister, und mein Vater verdient auch nicht die Welt.«

»Ick sag dir det ooch nur so«, meinte Ede, »damit du nachher nich sagst, es hat dir keener nich jewarnt.« Damit ließ er Hans stehen.

Hans hatte bisher wenig vom Nachkrigs-Berlin gesehen. Schon wegen der aufgelockerten Bauweise war in Zehlendorf nicht allzuviel von den Bomben zerstört worden. Aber jetzt, als sie aus allen Stadtteilen der West-Sektoren die Autowracks zusammenholten, jetzt sah er, was von der Stadt übriggeblieben war. Schöneberg, Moabit, Charlottenburg: ein einziges bizarres Trümmerfeld. Steingebirge mit toten Fensterhöhlen. Vom Feuer geschwärzte Mauern, Schornsteine ohne Zweck, Treppenhäuser ohne Ziel, Schuttfelder ohne Bäume. Badewannen und Toilettenbecken hingen an ihren Rohrverbindungen frei in der Luft.

Hans fragte sich immer wieder: Wo waren in den Ruinen die Wohnungen der unzähligen Frauen aller Altersstufen, die zwischen den Trümmerbergen Steine klopften, und das nicht nur, um die Schwerarbeiter-Lebensmittelkarte zu bekommen? Da standen sie bei Wind und Wetter, nach vorn gebeugt, hatten alte Jacken übergezogen, Kopftücher umgebunden. In den Händen hielten sie Steine und Hämmer. Und der Kalk war rauh, ätzend und staubte. Sie schoben die schweren Loren voll Schutt über die locker verlegten Gleise. Und obwohl viele Gesichter hager und verhärmt aussahen, konnten die Berliner Trümmerfrauen trotzdem lachen bei ihrer schweren Arbeit. Sie waren Menschen, die gerade jetzt nicht aufgaben, die den Mörtel schneller von den Steinen klopften, wenn sie wieder einen Heimkehrer vorüberkommen sahen.

Sie ahnten, daß man sie eines Tages nach Hause schicken

Die Aufteilung Berlins in vier Sektoren war von den Siegermächten bereits vor Beendigung des Krieges beschlossen worden. Man nannte den Großbritannien zugeteilten Stadtteil schlicht und einfach »englischen« und den der Sowjetunion zugeteilten »russischen« Sektor.

Infolge von Kriegsschäden an der Machnower Schleuse hatte der Teltow-Kanal seine Bedeutung als durchgehender Schiffahrtsweg verloren. Vor 1961 versperrten weder Grenzzaun noch Mauer den Blick auf das Städtchen Teltow.

würde, dann, wenn die Männer wieder obenauf waren, das Wort führten, regierten, die Köpfe schüttelten: »Wie, das habt ihr Frauen alles mit den bloßen Händen gemacht? So geht das nicht weiter! Dafür brauchen wir Maschinen. Das geht bequemer und schneller mit Baggern, Kränen, Rammen und Laufbändern. Na ja, ihr seid nun mal Frauen und habt es versucht...«

Hans sah sie erschöpft zwischen den Ruinen verschwinden, wenn Feierabend war.

»Den janzen Schutt hier schaffen wir nie weg«, meinte eine der Trümmerfrauen. »Dafür hat der Iwan hier viel zu sehr jewütet.«

»Wieso die Russen? Als die kamen, war Berlin doch schon ein großer Trümmerhaufen. Oder haben die Amerikaner und Briten nichts damit zu tun?« fragte Hans' neuer Kollege, der gut zehn Jahre älter war und der vor vier Wochen aus der Gefangenschaft zurückgekommen war. Er saß bei den Frauen, die Frühstückspause machten, und drehte sich eine Zigarette, während Hans alte Reifen auf die Felgen eines vom Schutt befreiten Autos montierte.

Die Frauen aßen langsam, aber hungrig ihre mitgebrachten Brote. Von Butter keine Rede, sie waren mit den unterschiedlichsten, selbstgefertigten Sorten von Belag versehen. »Det hier, det soll Hefewurscht sein. Schmeckt ooch jenau so – nach Hefe und nich nach Wurscht. Na klar doch, junger Mann, die Amis und Engländer ooch, kräftich sojar. Aber der Russe hat unser Berlin den Rest jejeben. Da können wa noch Jahrzehnte dran schippen.«

Hans' Kollege saugte kräftig an seiner Selbstgedrehten. Dann zog er den Rauch tief ein, blies ihn langsam wieder aus und hustete kräftig. »So ist das, liebe Frau. Ihr räumt hier in Berlin die Trümmer des Krieges fort, andere Frauen in Hamburg oder Frankfurt. In Frankreich helfen die Französinnen beim Aufräumen. Und auch in der Sowjetunion haben die Frauen noch lange mit dem Aufräumen zu tun, besonders wohl in Stalingrad. Aber wir quatschen hier großartig darüber, wer wohl Schuld an all den Trümmern ist. Nur von den Nazis und Hitler und all den Deutschen, die mitgemacht haben, reden wir nicht gern.«

»Mit die hör mir uff, Jungekin«, meldete sich eine ältere waschechte Berlinerin, die vor der Frühstückspause Loren geschoben hatte. »Die janze Bande hat nischt als Unjlück in die Welt jebracht. Aber der Hitler, der ist ja nun tot, verbrannt, ham se jesacht, da hinten in den Schutt von seine Reichskanzlei. Und wat tot ist, det soll man ooch nicht mehr uffwecken, wa?«

Der Mann stimmte der Frau zu. »Ja, Mutter, was tot ist, das soll man nicht mehr aufwecken. Aber meinen Sie denn, die Nazis sind nun alle tot, weil ihr Regime zusammengebrochen ist? Wissen Sie, ich glaube, daß es eine Menge davon gibt, die wie die Ratten in ihren Löchern lauern, um bei der nächsten Gelegenheit zuschnappen zu können.«

»Ach nee, det gloob ick nich, Jungekin. Wer nun noch nich die Schnauze voll davon hat, den rettet ooch keener mehr davor. Wer so anjebrieht is, der hat Jehirnschaden.« Sie machte eine weitausholende Bewegung mit den Armen. »Hier, kiekt euch det doch an! Allet kaputte Klamotten, nischt als kaputte Klamotten! Kaum noch 'ne Flohkiste heil. Nischt mehr übrig von den janzen scheenen Prunk, von die ollen Säulen mit die Hakenkreuze oben druff. Allet im Eimer! Und da jloobst du, det es heute noch welche von Hitlers Jenossen jeben kann. Ick war nie für den Hitler und meen Oller ooch nich und unser Sohn, der nun irjendwo in Rußland bejraben liecht, wenn überhaupt, der ooch nich.« Ganz ernst wurde die Frau. Ihre faltige Oberlippe zitterte leicht. Über den vorstehenden Wangenknochen spannte sich wettergegerbte Haut. Sie wischte die abgearbeiteten Hände an der blauen Schürze ab, sah dabei ihre Kolleginnen an, dann die beiden Männer. Hans war fertig mit dem Montieren der Reifen. Sie berlinerte plötzlich weniger: »Ich bin jetzt fast fünfundsiebzig, und fünfundachtzig will ick mindestens werden. Wir hatten mal een schönes Jeschäft, mein Oller und ick, janz dicht am Fehrbelliner Platz. Eine schöne Wohnung darüber. Wir mußten weg, weil Hitler da diese Prunkbauten hinklotzen ließ. Neu fangen wir nich mehr an, hab ick jesagt. Und mein Oller ist Verkäufer jeworden bei Tietz, ist da sogar noch aufjestiegen. Einjezogen haben sie ihn nich mehr, war schon zu klapprig auf die Beine. Aber 1944 hat's ihn doch erwischt, 'ne Bombe. Auch die Wohnung war hin. Der Junge kriegte Urlaub zur Beerdigung. War sein letzter. Ick hatte nur noch ein Zimmerchen mit Kochecke. Brannte im Dezember vierundvierzig aus. Da habe ick denn bei meiner Schwester jewohnt. Da stürzte det Haus über unsere Köppe zusammen beim Angriff. Zwee Tage haben die jebuddelt, bis sie uns raushatten. Und nun schippe ick hier mit die andern, die es kaum besser erjing, den Schutt weg. So war das und so ist das!« Sie nickte nach allen Seiten und sagte: »Und jetzt soll mir noch eener sagen, det es immer noch Leute jibt, die hinter die Nazibande hertrauern! Und keener soll mir sagen, det Deutschland jemals wieder Soldaten, Kanonen, Panzer und so'n Zeug haben muß! Wer det sagt, den hau ick mit die Hände hier, die tausend Loren mit Klamotten jeschoben haben, in die Fresse, det die Heide wackelt!«

Wir haben wirklich wat Besseret zu tun

An einem Sonnabend im frühen Herbst des Jahres 1946 gingen sie wieder zum Tanzen. »Sehn die beeden Jungs nich schnieke aus, Wanja?« fragte Eliabeth Kramer ihre Schwägerin, als Hans und Alex den Weg durch die Laubenkolonie hinaufgingen, um Kurt Molinsky abzuholen.

»Ja, haben sie beide gute Gestalten«, stimmte Alex' Mutter zu, die wohl nie richtig Deutsch lernen würde.

Da Hans sehr schlank, besser noch, sehr dürr war, paßte ihm sein dunkelblauer Einsegnungsanzug immer noch. Elisabeth, praktisch wie sie war, hatte ihn vor gut sechs Jahren in Übergröße gekauft. Ein Schlips mußte auch sein, denn in den Lokalen bestand Krawattenzwang. Man wollte wieder Niveau zeigen. Kurt Molinsky wohnte am mittleren Weg der Kolonie. Sie gingen aber in letzter Zeit nicht mehr zu Molinsky hinein, weil Kurts Vater sie sofort in lange politische Gespräche verwickelte. Molinsky versuchte immer wieder, ihnen zu beweisen, wie vorteilhaft es für die Arbeiterklasse wäre, wenn sich die Sozialdemokraten und die Kommunisten zu einer Einheit zusammenschließen würden. Im letzten April hatten KPD und SPD in der Sowjetischen Zone die Sozialistische Einheitspartei Deutschlands gegründet.

»Es ist doch ein großer, nicht wiedergutzumachender Fehler, daß sich die Sozialdemokraten hier in Berlin gegen die Vereinigung stemmen«, behauptete Kurts Vater. »Beides sind traditionsreiche Arbeiterparteien, deren beste Genossen in Hitlers KZ's saßen. Und in den Lagern haben sie sich immer wieder geschworen, nach der Zerschlagung der Faschisten gemeinsam für die neue und bessere Zukunft Deutschlands zu arbeiten und zu kämpfen. Und jetzt? Jetzt haben hier die West-Alliierten ihre Finger im Spiel, weil das Großkapital hinter ihnen steht und diese Verschmelzung mit allen Mitteln verhindern will.«

»Dann sagen Sie uns doch mal, Herr Molinsky, warum die Russen eine Urabstimmung über diese Frage verboten haben?« hatte Alex gefragt und hinzugefügt: »Weil die von vornherein befürchten mußten, 'ne Niederlage zu erleiden, ha! Hat man doch bei der Urabstimmung im März hier bei uns im Westen gesehen. Über achtzig Prozent der Sozialdemokraten waren gegen das Zusammengehn.«

»Weil die meisten beim Kreuzemachen nur an sich selbst gedacht haben«, erregte sich Molinsky. »Ja, die haben nur daran gedacht, daß es ihnen zur Zeit, ich sage, zur Zeit, bei den Engländern und Amis etwas besser geht als bei den Sowjets. Gut, zugegeben, die Entwicklung in der Sowjetzone verläuft schwieriger, aber auch normaler so kurze Zeit nach dem Krieg. Hier herrscht doch ein hektisches Klima. Die merken gar nicht, wie fest sie das Kapital schon in den Fängen hat. Nee, Jungs, das geht erst richtig los hier mit der Vormacht der Unternehmer.«

»Aber nach allem, was wir hinter uns haben, Herr Molinsky, haben wir doch endlich mal 'nen Anspruch darauf, daß es uns in Zukunft besser geht«, sagte Hans. »Mein Vater meint das auch. Denken Sie, die Russen helfen uns, die Betriebe wieder aufzubauen? Können wir lange drauf warten. Aber die Amerikaner...«

»Dein Vater sagt das?« Molinsky schüttelte den Kopf. Er legte die rechte Hand auf den Stubentisch. Die Hand war aus Holz und war mit einem schweren Lederhandschuh überzogen. »Ich habe deinen Onkel Robert noch gekannt, Hans. Und ich glaube bestimmt, daß der heute mit mir einer Meinung wäre. Wenn es uns nicht so ergehen soll wie nach dem ersten Weltkrieg, muß es zu einer Einheitsfront aller fortschrittlichen Kräfte kommen – überall.«

»Einheitsfront mit den Kommunisten, Herr Molinsky, die dann einseitig von den Russen gelenkt wird? Na, ich weiß nicht, ob man sich das wünschen sollte.«

Molinsky klopfte mit dem Knöchel des Zeigefingers der linken Hand auf seine Holzprothese: »Die hat mir im Winter von einundvierzig zu zweiundvierzig eine russische Granate weggerissen! Als Ersatz gab's dann so ein Verwundetenabzeichen und diesen häßlichen Gefrierfleischorden. Liegen schon lange hinten in der Jauchegrube, die Dinger. Aber was ich sagen wollte: Soll ich die Russen deswegen nun für immer und ewig als meine Feinde ansehen? Haßt du die Sowjetunion, weil man dir an der Ostfront das Bein zerschossen hat?«

»Das eine hat doch mit dem anderen nichts zu tun«, brummte Hans. »Da war Krieg. Jetzt geht's darum, daß die Sozialdemokraten als eigene Partei gewählt werden müssen im Oktober!«

»Dummheit!« Kurts Vater schüttelte den Kopf. »Ihr begreift ja überhaupt nicht, wovon ich rede, Jungs. Aber wie sollt ihr auch, nach dem, was die euch in den vergangenen Jahren eingebleut haben bei Hitler. Ich kann euch aber...«

»Det kannste, Vater, det kannste«, gab Kurt ihm zu verstehen, »aber erst, wenn wir weg sind. Wir haben wirklich wat Besseret zu tun. Wir jehn jetzt nämlich tanzen und machen anständig eenen druff!«

Seitdem blieben sie lieber an der Gartentür stehen und warteten auf Kurt, der ja auch gleich nach den ersten laut gepfiffenen Takten ihrer Erkennungsmelodie »Sentimental Journey« kam. Zuletzt gingen sie noch bei Kalle Glück und ihrem alten Schulfreund Harry Brödke vorbei. Doch Harry kam in letzter Zeit immer seltener mit. Er hatte andere Interessen, wollte die Zeit nutzen und höher hinaus.

»Die Jazzerei bringt doch nischt, Leute, höchstens zuville Schweiß. Jeld müßt ihr inne Taschen haben, Jeld und Ware! Damit kommt ihr an die richtigen Weiber ran, aber nich mit Tanzen.«

Alex hieb ihm die Faust leicht, aber doch spürbar zwischen die Rippen. »Was heißt denn, an die richtigen Weiber, du oller Spinner? Denkst du, die Mädchen, die wir kennen, die haben den Schlitz quer?«

Manchmal ging Harry doch mit. Aber nicht selten kam es vor, daß er sich oben an der Potsdamer Chaussee von den anderen trennte und nach links einbog, um zu dem großen Lager zu gelangen, das die UNO auf dem Gelände und in den Gebäuden vom ehemaligen Oberkommando des Heeres eingerichtet hatte. Hier im Lager der UNRRA, einer Einrichtung zur Versorgung und Rückführung von neun Millionen nichtdeutschen Flüchtlingen, hier hatte Harry ein paar Freunde, mit denen er Geschäfte machte.

»Laßt die sture Pfeife doch sausen«, sagten die anderen. »Der verdirbt uns nur die Stimmung, weil er dauernd davon quatscht, wie man andere Leute bescheißen kann.«

Sie hatten nun einen richtig festen Stamm von Freundinnen und Bekannten, mit denen sie meistens im Tanzlokal an der Krummen Lanke zusammentrafen. Hans tanzte wenig, weil er oft Schwierigkeiten hatte mit dem verletzten Bein, aber ab und zu mußte er auf die glatte Tanzfläche, wenn er mal ein Mädchen näher kennenlernen wollte. Da waren Elfriede, Rita, Gerda und die hübsche kleine Ursel, deren Mutter ihnen die weißen Buschjacken nähen wollte. Doch richtige feste Dauerliebschaften gab es zu der Zeit nicht. Drei oder vier Wochen lang brachte Alex Elfriede nach Hause, dann ging sie eine Zeit mit Kurt, während Alex gerade Rita von Hans übernahm, der sich Ursel zugewandt hatte. Warum das so war? Sie dachten nicht darüber nach. Wozu auch?

Es war ganz gut, daß die Lokale um dreiundzwanzig Uhr schließen mußten. Der Heimweg wurde nämlich häufig recht lang. An den warmen Sommerabenden waren sie noch ein Stück am See entlanggelaufen bis zu der Stelle, wo es einmal eine aus Holz gebaute Badeanstalt gab. Hier zog sich der ganze Verein zwischen den Büschen nackt aus. Sie schwammen bis zum anderen Seeufer hinüber, tobten drüben eine Weile herum und schwammen wieder zurück. Das war ihre Erholung nach der Tanzerei auf der überfüllten Tanzfläche in dem verräucherten Restaurant. Nun begannen die Heimwege. Wenn Alex Elfriede heimbrachte, gingen sie alle mit, mit Abstand versteht sich. Zum Beispiel liefen sie erst einmal bis zum U-Bahnhof Onkel-Toms-Hütte. Hier warteten sie mehr oder weniger geuldig, mehr oder weniger mit ihren Freundinnen beschäftigt, bis Alex sich in der Dunkelheit endlich von Elfriede trennte. Dann gingen sie nach Süden weiter, die ganze lange Onkel-Tom-Straße entlang, bis in die Nähe der Zehlendorfer Feuerwache, wo Hans sich von Gerda verabschiedete. Von hier aus ging es wieder westwärts, weil Rita in der Beerenstraße wohnte. Dann endlich konnten sie den direkten Weg zur Laubenkolonie einschlagen. So dauerte der Heimweg gute zwei Stunden. Da war dann nichts mehr mit »In the Mood« zu Mitternacht.

Diese Gruppenbegleitung war nicht nur der Freundschaft wegen notwendig, sondern wegen der unsicheren Verhältnisse in den Außenbezirken der Stadt. Es gab nicht nur die angetrunkenen Soldaten, sondern auch viele Einbrecher, die nachts unterwegs waren, um Villen auszukundschaften, und es gab auch Straßenräuber, die einzelne Fußgänger überfielen und ausraubten. Die amerikanischen Soldaten waren es selten gewohnt, Alkohol in größeren Mengen zu trinken. Mit ihrer Zigarettenwährung jedoch konnten sie sich alles leisten, von der Flasche Whisky bis zum Mädchen. Da kam es häufig zu Zwischenfällen.

Es ging ganz friedlich zu an dem Freitagabend. »Swingtime in the Rockies« spielte die Band als letztes von drei Musikstükken. Dann war Pause. Sie tranken dünnes Bier und bestellten eine Flasche Alkolat beim Kellner, obwohl so ein Stimmungsmacher eigentlich gar nicht nötig war. Für Stimmung sorgten Kurt und Kalle. Auf den Wegen zur und von der Toilette versuchten sie bei den Amerikanern, die wieder einmal reichlich vertreten waren, Zigaretten zu schnorren, etwa mit den Worten: »Heww ju a Zigarett for mi?«

Die Band begann gerade wieder mit einem Benny-Goodman-Titel und spielte »One O'Clock Jump«, als die Schlägerei begann. Das war so, als hätte da irgendwo zwischen den Tischen ein Blitz eingeschlagen.

»Die Köppe runter! In Deckung!« rief Kurt und war schon unter dem Tisch verschwunden, als der erste Stuhl durch den Saal flog. Dann lief die Prügelei ab wie in einem Texas-Film. Daran beteiligt waren nur die amerikanischen Soldaten. Die anderen Gäste lagen oder hockten unter den Tischen, wenn sie nicht rechtzeitig die Flucht nach draußen ergriffen hatten. Erst einmal wagte niemand, die Nase hervorzustecken. Auch die Kellner hatten sich zurückgezogen, während der Inhaber des Lokals mit der Militärpolizei telefonierte. Langsam verlagerte sich die Schlägerei nach draußen in den Garten zwischen Gebäude und See.

Einmal schob Kurt, als Kleinster der Runde, den Kopf vorsichtig aus der Deckung und spähte in die Runde. »Leute«, rief er, »die kloppen sich jetzt draußen! Die Lage ist wieder mal äußerst jünstich!«

Und während die Mädchen nun das Lokal verließen, sprangen die Jungen los und fingen an, gekonnt und blitzschnell die Tische abzuräumen, an denen die Soldaten gesessen hatten. Schnaps, Zigaretten, Schokolade, alles sammelten sie ein. Die Amerikaner draußen bemerkten das sehr schnell. Wie auf Kommando beendeten sie ihre Prügelei. Sie griffen vereint nach den Biergläsern, die noch auf den Gartentischen standen, und warfen sie von draußen durch die lange Front aus Fensterglas.

»Absetzen!« brüllte Kurt. »Jetzt wirds jemein!« Das taten sie auch. Die Beute wurde später ehrlich aufgeteilt. Obwohl die Militärpolizei die Ruhe in der Wirtschaft wiederhergestellt hatte, gingen sie für den Rest des Abends doch lieber in das benachbarte Lokal »Zur Wolfsschlucht«, das in einer Bodensenke lag, die zum Schlachtensee hinunterführte und das später, genau wie das Lokal »Krumme Lanke«, auf Geheiß irgendwelcher Politiker abgerissen wurde.

Es waren recht rauhe und sehr hungrige Zeiten, aber nach der jüngsten bösen Vergangenheit herrliche und vor allen Dingen sehr freie Zeiten!

Als Hans zum erstenmal in eine Nebenstraße des Kurfürstendamms fuhr, weil Ursels Mutter sich bereit erklärt hatte, aus dem organisierten Leinenstoff Buschjacken zu nähen, traf er seine Freundin Ursel nicht an. Dafür stand in der Wohnungstür plötzlich eine große, schöne Frau vor ihm, noch keine vierzig Jahre alt. Er schluckte, als sie ihn mit dunkler Stimme ansprach: »Sie sind sicher Hans Kramer. Ursel muß heute länger arbeiten. Ich weiß aber Bescheid. So kommen Sie doch rein.«

Hans folgte der Frau durch mehrere, mit kostbaren alten Möbeln ausgestattete Zimmer, in die kaum Licht von draußen hereinkam, weil die schweren Vorhänge geschlossen waren. Er ging über dicke, weiche Teppiche, bevor er ganz hinten ein lichtdurchflutetes Zimmer betrat. Am Fenster stand eine Nähmaschine. Verschiedene Stoffe lagen auf einem Messingbett. Auf dem runden Tisch warteten zwei Tassen, eine Kaffeekanne und ein Teller mit Kuchen.

Die Frau wandte sich ihm plötzlich zu: »Gefällt's Ihnen? Hier wohne und arbeite ich. Hier nähe ich Röcke, Blusen und auch schon mal Kleider für Ursel und für mich, aber auch für Bekannte und Nachbarn. Bekomme ein paar Naturalien dafür. Man muß schließlich leben in dieser scheußlichen Zeit. Na ja, nun will ich es mal mit Buschjacken versuchen, Ursel zuliebe. Ihr Zimmer ist gleich nebenan, auch nicht größer. Ist gut so wegen der Heizerei. Das da vorn…« mit einer nervösen Handbewegung deutete sie auf die Tür, »das ist Vergangenheit. Die großen Räume voller Bilder, Sofas, Teppichen, das ist eine Vergangenheit, die den Krieg heil überstanden hat. Ich hoffe ja immer, daß dies alles wieder eine Zukunft wird für uns, daß mein Mann, Ursels Vater, eines Tages gesund vor der Tür steht. Er ist Offizier und gilt seit 1943 als vermißt. Doch wie sagt man, wer die Hoffnung aufgibt, der gibt das Leben auf. Wir können diese großen Zimmer gar nicht heizen. Womit denn? Und wer sollte das alles sauberhalten? Nein, ich…« Wieder diese nervöse Bewegung, als sie ihn aufforderte, Platz zu nehmen.

»Ich wollte nur… ich meine, daß Sie doch Maß nehmen müssen, und da…« stotterte Hans herum, wurde jedoch von zwei schmalen Händen an den Tisch plaziert. Später beim Kaffeetrinken sagte sie: »Erzählen Sie ein bißchen von sich, Hans, von Ihrer Familie, Ihrem Zuhause.«

Du meine Güte, dacht er, was soll ich denn der Frau erzählen? Von der Laubenkolonie? Von dem Bretterverschlag, in dem er schlief? Von dem Organisationstalent seines Bruders? Oder von Vater und Mutter? Er schob sich rasch ein größeres Stück Kuchen in den Mund und trank einen langen Schluck von dem dünnen, aber nach echten Bohnen schmeckenden Kaffee hinterher. Er verschluckte sich, als sie ganz unverhofft fragte: »Lieben sie Ursel eigentlich, Hans?«

»Lieben?« Er trank noch einmal einen Schluck Kaffee. Ja, ihm gefiel das Mädchen. Sie sah gut aus, war auch hübscher als die anderen. Aber lieben? Manchmal war sie sehr nett, im nächsten Augenblick aber wieder ziemlich hochnäsig und kurz angebunden. Dreimal genau hatte sie sich von ihm küssen lassen, jedesmal so ganz auf die Schnelle. »Ja – ich weiß nicht«, sagte er und ärgerte sich wieder einmal über die brennende Röte in seinem Gesicht. »Ich glaube nicht. Wir sind so, na ja, so befreundet.«

Dann wurde sie sachlich, und Hans atmete innerlich auf. Sie legte das Zentimetermaß über seine Schultern, an seine Arme und schließlich um seine Hüften. »Mein Gott, wie mager Sie sind! Da fühlt man ja jede Rippe. Sie müßten anständig was essen, Fleisch, Fett und solche Sachen...« Sie zuckte mit den Schultern.

Als er eine Woche später kam, um die fertige Jacke abzuholen, gab es aber wieder Kuchen. Nach dem Kaffeetrinken, er wollte sich schon zum Aufbruch fertigmachen, sagte sie auf einmal: »Ich wollte Sie beim ersten Besuch nicht erschrecken, Hans, aber so ein gutaussehender junger Mann, und dann diese schwarzen Fingernägel? Das muß doch nicht sein.«

Wieder die heiße Röte im Gesicht. »Ich arbeite doch... vielleicht wissen Sie es nicht... als Autoschlosser. Und ich versuche ja...«

Diese blöde Ziege! Eine halbe Stunde lang hatte er vor dem Weggehen mit der Bürste an seinen Fingernägeln herumgeschrubbt, so lange, bis seine Mutter rief: »Junge, hör uff damit! Scheuerst dir ja die Haut von die Knochen! Der Dreck sitzt ville zu tief in die Poren. Det macht doch nischt, sieht jeder gleich, det du 'ne ehrliche Arbeit nachjehst!«

Jetzt schob er die Hände unwillkürlich in die Hosentaschen und wartete darauf, daß Ursels Mutter ihm endlich die Buschjacke aushändigte. »Ich muß dann wieder los«, sagte er. »Die Fahrt und dann noch ein Stück zu Fuß, da...«

Sie schüttelte energisch den Kopf. »Das kommt gar nicht in Frage! Als ich vorhin draußen war, habe ich Ihnen ein Bad zurecht gemacht. Ursel erzählte mir, daß Sie zu Hause keine Bademöglichkeit haben. Kommen Sie nur!«

Die Olle ist ja wie 'ne Klette! dachte er und stammelte etwas vom Duschen in der Autowerkstatt. Aber sie nahm ihm schon das Jackett ab und schob ihn in ein großes Badezimmer voller Dampf. »Ein Handtuch liegt auf dem Klodeckel, und ein Bademantel hängt neben der Tür!«

Verflixt, war ihm das alles peinlich! Als er nackt in die Badewanne glitt, nahm er sich fest vor, diese Wohnung nie wieder zu betreten. Sollten die anderen sich selbst um ihre Buschjacken kümmern. Ursel hatte sich sowieso schon mehr an Alex herangemacht. Sollte der doch hier baden. In der Schuhmacherwerkstatt, in der er arbeitete, gabs ja sicher auch jede Menge Dreck und... schwarze Fingernägel. Als Hans in dem warmen Badewasser saß, das so angenehm prickelte, das so gut roch, da fühlte er sich plötzlich sehr wohl und müde.

Er schrak erst heftig zusammen, als die Frau einfach ins Bad kam und im burschikosen Ton fragte, ob denn alles recht wäre. Schnell zog er das linke Knie hoch, weil ihm das Badewasser trotz der dunkler gewordenen Tönung immer noch sehr klar und durchsichtig erschien. Sie hatte nur einen Morgenrock an, als sie sich jetzt auf den Rand der Wanne setzte. Er sah ein ganzes Stück ihrer glatten, weißen Oberschenkel und fragte sich, ob diese große, so stolz wirkende Frau die Absicht hatte, mit ihm was anzufangen, mit ihm, dem Autoschlosser Hans Kramer aus der Laubenkolonie. Der Gedanke reizte ihn zwar, schreckte ihn aber zugleich ab, weil er jetzt schon zu wissen glaubte, daß er sich unsterblich blamieren würde. Er hatte sich doch nicht mal bei der Else in Hessen getraut, und die war ihm um vieles näher gewesen als diese Frau Holthofen.

Sie hielt ihm das große weiche Badehandtuch hin. Und was blieb ihm anderes übrig, als aus dem Wasser zu kommen, wobei er ihr nach Möglichkeit den Rücken zudrehte, um das Tuch rasch über seine Schultern zu werfen. Dann spürte er ihre Hände, die durch das Handtuch über seinen Rücken glitten.

»Ich bin in meinem ganzen Leben immer sehr verwöhnt worden«, fing sie an zu reden. »Auf einem großen Gut in Pommern aufgewachsen, ohne Sorgen, wohlbehütet. Ich habe mich amüsiert, wurde stets geachtet, wurde begehrt von den Kameraden meines Mannes, von ihm selbst. Ursel wurde auf dem Gut geboren. Später diese Wohnung hier in Berlin, weil mein Mann einen guten Posten bekam. Die Zeit der Bombenangriffe aber haben wir, Ursel und ich, wieder auf dem Gut verbracht, abgeschieden von allem Unbill. Dieser Krieg, ja das ganze Dritte Reich, das glitt alles so weit weg, so ungreifbar an uns vorbei. Bis wir das Gut dann verlassen mußten und wieder hierherkamen, kurz nach dem Krieg, hierher in diese Trümmerwüste. Heute näht man ein bißchen, aber natürlich nicht zuviel, sondern so, als wär's nur für den Zeitvertreib. Aber ist es ein Zeitvertreib? Ist die Einsamkeit dabei nicht noch viel größer, die Einsamkeit einer Frau, die doch noch gar nicht...« Ihre Finger tasteten über seine Wirbelsäule abwärts. »Willst du eigentlich in der Wanne stehenbleiben? Ich werde das Wasser ablassen. Ist doch schon ganz kalt.«

Sie zog an der Kette, ließ das Wasser ablaufen. Rasch war Hans aus der Wanne und trocknete sich ab, so schnell er konnte. Sie saß wieder auf dem Wannenrand und sah zu, wie er sich ankleidete. Einmal mußte er das Handtuch ja ablegen, wollte er in seine Sachen. Und schließlich war es ihm dann egal, obwohl seine Erektion ganz beachtlich war. Sie ist eine Mutter, redete er sich ein. Sie ist eine von den Krankenschwestern im Lazarett, die dich immer waschen mußten. Sie ist... sie ist einfach nicht da!

»Vielen Dank für das Bad«, sagte er endlich, als er die letzten Knöpfe seines Hemdes schloß. »Kann ich – dann die Buschjacke haben?«

»Selbstverständlich, ja doch.« Sie sprang auf und verließ mit sicheren Schritten das Badezimmer. »Ich packe sie nur noch ein und bekomme dann dreißig Mark für das Nähen.«

Die erste Wahl nach dem Krieg

Am 20. Oktober 1946 fand in allen vier Sektoren Berlins die erste Wahl nach dem Krieg statt. Zum erstenmal seit 1933 stellten sich mehrere Parteien zur Wahl. Zwölf Jahre lang hatte es bei Wahlen nur die Möglichkeit gegeben, mit »Ja« oder mit »Nein« abzustimmen. Wie viele verschiedene Plakate mochte es wohl gegeben haben in der Zeit mit dem großen, weithin sichtbaren »Ja«? Ein SA-Mann mit kantigem Gesicht, den rechten Arm hochgerissen: »Ja!« Ein Hitlerjunge mit strahlenden Augen und schneeweißen Zähnen: »Ja!« Eine junge Mutter mit blondem Haar und großen Brüsten, zwei blonde Kinder auf den Armen: »Ja!« Man hätte denken können, wehe dem, der da mit »Nein« gestimmt hatte, wo es doch den unverhüllten Befehl gab, mit »Ja« für Hitler zu stimmen.

Doch Hans konnte sich noch genau daran erinnern, wie sein Onkel Paul Geißling nach einer nationalsozialistischen Wahl, als sie in einem Lokal an der Potsdamer Chaussee saßen, seinem Vater mit heller Krähstimme zurief: »Du, Karl, ich hab heut wieder ›nein‹ auf meinen Stimmzettel geschrieben! Und was ist nun? Kein Aas hat was gemerkt.«

Sein Vater war ganz blaß geworden, und Tante Adelheid hatte ihrem geschwätzigen Mann mit dem Handrücken so kräftig auf den Mund geklopft, daß er wenigstens für die nächste halbe Stunde sprachlos war. Und trotz des »Nein« von Onkel Paul, das ja sicher nicht das einzige war, gab es bei der Auszählung wieder 99,8 Prozent Ja-Stimmen.

Zum erstenmal war die Stadt nun wieder voller unterschiedlicher, bunter Wahlplakate, die, an den Mauerresten der Ruinen klebend, vom Inhalt her gar nicht so verschieden waren. Worte wie »Frieden« und »Demokratie« waren überall zu lesen. Zwar wußte niemand, wie so ein Friedensvertrag aussehen und wer ihn von deutscher Seite verantwortlich unterzeichnen sollte.

Die überlebenden Verantwortlichen der Nationalsozialisten waren am 1. Oktober beim Nürnberger Kriegsverbrecherprozeß zum Tode durch den Strang oder zu langen Gefängnisstrafen verurteilt worden. Und manch einer war der Meinung, einen Friedensvertrag könnten nur diejenigen unterschreiben, die den Krieg angezettelt hatten. Aber das Wort »Frieden« auf den Wahlplakaten stand ja da im wahrsten Sinne des Wortes für den Frieden überhaupt, für eine friedliche Zukunft. Und das Wort »Demokratie« hatte für die meisten Menschen dieser Stadt und dieser Tage etwas mit »sich satt essen« oder mit »Heimkehr aus der Gefangenschaft« zu tun. Sie meinten, in einer Demokratie hungerte man nicht, in einer Demokratie lebte jeder Mann zu Hause mit seiner Familie zusammen. Ja gut, die verschiedenen Parteien, aber ob die letzten Endes wirklich so verschieden waren?

Kurt Molinskys Vater hatte mit seiner einen gesunden Hand extra eine Tafel für Wahlplakate gezimmert. Sie stand vorn im Garten, zwei Meter vom Zaun entfernt, und war hellgrün angestrichen. »Grün ist die Hoffnung, Junge«, hatte Molinsky zu Kurt gesagt, aber verschwiegen, daß er keine andere Farbe auftreiben konnte. Er befestigte das Plakat der »Sozialistischen Einheitspartei Deutschlands« sorgfältig mit Reißzwecken auf der Tafel. »Und die Hoffnung, daß wir Kommunisten gewinnen, die haben wir!«

»Und ick habe die Hoffnung, det deine Hoffnung een janz jroßer Irrtum sein wird, Vater«, hatte Kurt respektlos geantwortet. Zwei Tage später, als die Freunde in der Nacht vom

Tanzen kamen, brachten sie ein SPD-Plakat mit, das sie unterwegs sorgfältig von einer Stelltafel abgelöst hatten. In der Dunkelheit nahmen sie sich Molinskys Tafel vor und wechselten die Plakate aus. Als Kurts Vater am nächsten Morgen nach vorn zur Gartenpforte schlenderte, wurde er von dem gegenüberwohnenden Nachbarn mit den Worten begrüßt: »Hätte nie jedacht, det du deine politische Meinung so rasant über Nacht ändern wirst! Aber eene späte Erkenntnis ist ooch eene Erkenntnis!«

»Hä? Was soll ich erkannt haben?« Er sah auf seine Tafel und schimpfte gutmütig: »Da hat doch die Canallje wieder ein Ding ausgeheckt! Haben ihren Spaß gehabt. Dauert eben noch seine Zeit, bis die Bengels den Ernst einer Wahl erkennen.«

In der Laubenkolonie hatten nur wenige Leute ein anderes Wahlergebnis erwartet. Die SPD erhielt fast 49 Prozent, beinahe die Hälfte der abgegebenen Stimmen, die CDU 22, die SED fast 20 und die Liberalen etwas über neun Prozent.

»Jetzt sollen die Linken mal nachholen, wat se damals in die zwanziger Jahre versäumt ham«, sagte Nachbar Laube. »Wenn die sich jetzt mit det jute Stimmerjebnis verbünden, haben die die Macht, und die Zukunft ist jesichert. Denn können die Besatzer bald abrücken und können uns machen lassen.«

»Na, na«, meinte Karl Kramer, der neben seinem Schwager am Gartenzaun stand, »schon wieder eine Macht. So ein Bündnis mit siebzig oder sogar achtzig Prozent ist doch fast schon wieder Diktatur. Und glaubt ihr denn, die Westmächte lassen sich darauf ein, ziehen ab und lassen bei uns hier die Arbeiterparteien schalten und walten?«

»Mit fast neunundvierzig Prozent brauchen die Sozis die Kommunisten nicht«, sagte Otto Grund. »Aber ob das gut ausgeht, wenn die da so alleine am Hebel sitzen? Ihr kennt die doch von früher. Heute soll alles zum Wohl der kleinen Leute geschehen, und morgen hau'n sie dem kleinen Mann wieder anständig auf die Schnauze. Da ist es schon besser, wenn Ausgewogenheit da ist.«

Laube wollte etwas sagen, aber Otto war voll in Fahrt: »Bildet euch bloß nicht ein, daß die Besatzer so schnell aus Berlin abrücken. Seht doch mal, die Russen, die stehn hier weit im Westen, mitten in Europa praktisch. Die Amis, die haben in Berlin den besten Vorposten tief im Osten. Die Engländer und die Franzosen, die zählen doch da kaum mit. Die sind nur Statisten und haben den Krieg genauso verloren wie wir.«

»Dennoch«, sagte Nachbar Laube unbeirrt. »Es jeht darum, den Faschismus bei uns endjültich in den Orkus zu schicken. Und dazu bietet det Wahlerjebnis hier in Berlin jute Voraussetzungen. Ooch wenn die Kommunisten nun schlechter abjeschnitten ham, wie ick mir dachte, jemeinsam mit die SPD ist wat zu schaffen!«

Otto Grund schüttelte den Kopf. »Deine Kommunisten, die sind ja nun weiter nichts als ein zusammengemischter Verein in der russischen Zone und in Berlin.«

»Wart's ab, Otto«, sagte Laube, »wart's nur ab! Nich schon den Abend vor den Morjen mies machen.«

Kaffeebohnen und Ami-Benzin

Gerhards Organisationstalent war kaum zu überbieten. Neben seiner geheimen Quelle, aus der er immer wieder mal besonders knappe Lebensmittel herbeischaffte, hatte er auch sonst die Augen ständig offen. Im Herbst 1946, als es von Tag zu Tag früher dunkel wurde, stand Hans am S-Bahnhof Zehlendorf-West und sah seinem Bruder nach, der am Mexikoplatz einen Lastwagen entdeckt hatte. Von dem Lastwagen wurden Kartoffeln in Zentnersäcken abgeladen und in ein Lebensmittelgeschäft getragen.

»Mensch, Langer, da muß doch wat zu deichseln sein...« hatte Gerhard nur gebrummt, ehe er loslief. Er umkreiste den Lastwagen wie ein Fuchs den Hühnerstall, wartete, bis zwischen den Männern, die die Kartoffelsäcke in den Laden trugen, eine Lücke entstand. Die füllte Gerhard aus, indem er einfach so tat, als gehöre er zu den Kartoffelträgern. Der auf der Wagenpritsche stehende Mann schob ihm einen Zentnersack auf den Rücken, und Gerhard marschierte damit los, nur nicht in den Laden. Mit wenigen Schritten war er in der Dunkelheit verschwunden und tauchte unter der Überführung wieder auf. »So, Langer, der Kartoffelnachschub ist jesichert!«

Vierzehn Tage später entdeckte er die Kaffeerösterei, die von den Amerikanern hinter dem Düppeler Wald an der Benschallee betrieben wurde. Wie immer umging Gerhard das Gelände erst einmal vorsichtig, nach eventuellen Wachtposten Ausschau haltend. Es stand nur ein Posten vorn am Eingang, ein Deutscher in schwarzer Uniform. Nun untersuchte er den Zaun, der an das Waldstück grenzte. Und hier hatte er Erfolg. Bald darauf brachte er seinen Bruder in Trab. »Du, ick hab da wat entdeckt, Langer! Nimm dein Rad und komm mit.«

Sie fuhren den sandigen Königsweg hinauf. Dann mußte Hans zwischen den Bäumen warten und wieder beide Fahrräder halten. Er war schon ganz kribbelig, als er den blonden Kopf seines Bruders endlich im Dunkeln auftauchen sah. »Was haste denn da im Sack?«

»Du jloobst es nich, Langer, aber mindestens eenen viertel Zentner Kaffeebohnen, anjeröstete, so ville ick im Dustern sehen konnte. Hat sich bestimmt eener von die deutschen Arbeiter beiseitejeschafft. Lag hinterm Zaun, der Sack. Und jetzt nischt wie weg hier!«

»Mann, dafür können wir ja sonst was eintauschen!« staunte Hans, als sie auf der südlichen Seite des Königsweges hinter dem flach in ein Wäldchen gebauten Betonklotz eines Luftschutzbunkers verschwanden. »Ein ganzer Sack voll Kaffee!«

Es stellte sich heraus, daß die Kaffeebohnen ungleich geröstet waren. Folglich mußten sie sortiert werden, eine Arbeit, an der sich auch ein Teil der Familie Grund beteiligte. Die dunkelbraunen Bohnen nach rechts auf den Tisch, hieß es, die braunen nach links, die hellbraunen in die obere Schüssel und die ganz hellen, fast noch grünen, in die untere Schüssel. »Die janz hellen, die werden wir so eintauschen«, meinte Elisabeth, »aber die hellbraunen, die könn wir een bißchen nachrösten.«

Für Gerhard war das keine Arbeit. Er hatte die Kaffeebohnen organisiert, also sollten die anderen sehen, was sie nun dafür bekamen. Er gönnte sich eine Pause und radelte nach Klein-Machnow, wo er in die »Kammerspiele« ging, ein Kino, das jetzt auch als Theater benutzt wurde.

Zehlendorf war in den ersten Jahren nach dem Krieg zu einer richtigen Kulturoase geworden. Im »Primus-Palast«, einem früheren Tanzsaal an der Ecke Potsdamer Straße, Gartenstraße wurden Opern und Operetten gespielt. Es gab Matinees in verschiedenen Sälen. Und nicht nur im »Haus am Waldsee« fanden die Menschen auf der Suche nach Abwechslung Kunstausstellungen. Viel vom Kulturbetrieb war in die Außenbezirke ausgewichen, weil die Häuser und Bühnen der Innenstadt zerstört oder nicht zu beheizen waren. So dirigierte Leo Borchard schon drei Wochen nach der Kapitulation die Berliner Philharmoniker im Steglitzer »Titania-Palast«, der vorher auch ein Kino war.

Während seiner Lehrzeit hatte Hans sich aus großen grauen Steinen hinter dem Schuppen eine Art Werkstatt gebaut, in der er oft stundenlang herumexperimentierte. Die Steine und Bretter stammten von der großen Baustelle hinter der Laubenkolonie. Jetzt, nachdem auch die Flak-Stellungen verschwunden waren, war das wieder wie früher »das Feld«. Nichts war mehr zu sehen von der vor dem Krieg fast zu zwei Drittel fertigen Siedlung. Auch nach seiner Heimkehr interessierte sich Hans viel mehr für seine Basteleien und Versuche in der Werkstatt als für die Organisationstouren seines Bruders. Immer, wenn Gerhard zu ihm kam, weil er seine Hilfe brauchte, hatte Hans ein ungutes Gefühl. Er ahnte, daß es eines Tages schiefgehen mußte mit dem Organisieren.

Drei Wochen vor Weihnachten kam Gerhard wieder einmal zu ihm in die kleine Werkstatt. Hans untersuchte gerade, ob er aus dem übelriechenden Karbid nicht ein Gas zum Antrieb von Verbrennungsmotoren herstellen konnte.

»Wat willste denn damit?« fragte Gerhard völlig unbeeindruckt. »Wo willste denn so ville Karbid herkriejen, Langer? Du bist vielleicht een Spinner. Es jibt doch Benzin jenug.«

»Wo gibt's Benzin genug?«

Gerhard schüttelte weise den blonden Kopf. »Wat meinste denn, wie ick an Brot, die Milch für den Kleenen, an Wurscht und an det allet rankomme, he? Mit Benzin! Nur mit Benzin. Det orjanisiere ick und tausche es bei die UNRRA-Leute um, und det schon 'ne janze Weile! Jetzt zu Weihnachten, da brauchen wir een bißchen mehr, damit wir an die Feiertage anständich wat zum Spachteln haben, zum Futtern, verstehste? Und da mußt du mir heute nachmittag mal helfen.«

Gerhard hatte immer überzeugende Argumente. Der Kraftstoff gehörte einer amerikanischen Versorgungseinheit und lagerte in normalen Kanistern in einem offenen Schuppen in Lichterfelde-West. Auch hier wachte ein schwarz uniformierter Deutscher. »Der Posten, der jetzt Wache hat, der weeß Bescheid«, erklärte Gerhard. »Für den schaff ick immer extra eenen Kanister beiseite.«

»Vermissen denn die Amis die Kanister nicht?«

»Nee, weil ick nämlich die leeren Kanister da drüben im Jebüsch liejen habe. Und ehrlich, wie ick bin, kriejen die für jeden vollen Kanister eenen leeren zurück. Janz einfach, wa?«

Hans fühlte sich alles andere als wohl, als er in dem angrenzenden Park zurückblieb. Gerhard schlich am Zaun entlang und gab dem Posten einen Wink. Dann kletterte er in aller Ruhe von der Parkseite aus auf das flache Dach des Schuppens. Oben hockte er sich hin. Mit einer Leine, an deren Ende ein stabiler Haken angebracht war, angelte er einen Kanister nach dem anderen und zog sie auf das Dach. Als er drei Kanister hatte, ließ er sie hinter dem Schuppen in den Park hinab, wo Hans wartete.

Schließlich kam Gerhard auch vom Dach. »Siehste, Langer, allet überstanden. Sonst nehm ick ja bloß immer zwee Kanister für den Posten und für mir. Fällt nich so uff, verstehste!«

Sie waren gerade dabei, auf ihren Fahrrädern je einen Kanister zu befestigen, und wollten dann den dritten für den Posten verstecken, als ein Jeep am Zaun entlangkam, dessen Scheinwerfer zuerst nur Gerhard erfaßte. Der rief: »Verdufte, Langer! Die ham uns am Arsch! Ick komm jleich nach!«

Hans reagierte blitzschnell, fuhr quer über eine Rasenfläche und verschwand in der Dunkelheit. In der Straße, durch die Gerhard kommen mußte, sprang er vom Rad und wartete – vergeblich. Zu Hause angekommen, schleppte Hans den einen Kanister sofort in den Schuppen und ging dann in die Küche, weil sein Magen laut knurrte.

»Siehst ja so weiß aus um die Neese«, stellte seine Mutter fest, als sie anfingen, die Erbsensuppe zu löffeln. »Wo steckt denn dein Bruder wieder? Dauernd braucht der sich ja ooch nich in die Weltjeschichte rumzutreiben.«

Gerade wollte Hans zu einer längeren Erklärung ansetzen, als kräftig gegen die Tür des Vorbaus geklopft wurde. »Machen Sie auf! – Polizei!«

»Poli... jetzt hamse ihn!« entfuhr es Elisabeth unwillkürlich. Sie sah Irene und Kurt an, dann Hans und schließlich ihren Mann. Dabei rührte sie automatisch mit dem Löffel in der dicken Suppe herum. »Eenmal mußte det ja so kommen«, sagte sie endlich. Und zu Hans: »Weeßt du denn...«

Der ältere Zivilist, der mit einem uniformierten Polizeibeamten in die Küche kam, redete nicht viel. Er zeigte seinen Ausweis: »Kriminalpolizei!« Sie fingen an, sich in den Ecken umzusehen. »Tut uns leid, daß wir Sie beim Essen stören.«

»Wat denn? Wat denn? Suchen Sie nach wat?« rief Elisabeth aufgebracht. »Denn sagen se uns det jefällichst. Die Zeiten sind vorbei, wo man Fremde in die Wohnung rumschnüffeln lassen mußte wie damals, wo die Jestapo meinen Mann...«

»Nun beruhigen Sie sich mal«, sagte der Kriminalbeamte. »Es ist so, Ihr Sohn Gerhard ist vor einer Stunde festgenommen worden. Diebstahl bei den Amerikanern, wahrscheinlich wiederholter. Wurde auf frischer Tat ertappt, nichts zu machen.« Und plötzlich zu Hans: »Sie waren doch dabei! Unser Beamter, der mit der MP Streife fuhr, hat Sie gesehen.«

Ein dritter Polizist kam in die Küche und brachte den Benzinkanister mit, den Hans in den Schuppen gestellt hatte. Hans hätte sich vor Wut ohrfeigen können, weil er den Kanister unterwegs nicht einfach irgendwo hingeworfen hatte und weil ihm jetzt wieder einmal die brennende Röte ins Gesicht stieg. »Ich war... wobei soll ich denn...?«

»Sie sind vorläufig festgenommen!«

Und während Hans sich die dicke Jacke überzog, die ihm eine Nachbarin aus einer karierten Wolldecke genäht hatte, keifte Elisabeth lautstark auf die drei Polizisten ein: »Verhaften woll'n Sie ihn, wo er doch nie wat Unrechtet jemacht hat, und denn mit sein kaputtjeschoßnet Been. Beschweren werden wir uns über Sie, Sie...«

Karl legte ihr beruhigend die Hand auf die Schulter. »Vorläufig festgenommen ist noch nicht verhaftet. Warten wir doch erst mal ab, was sie den Jungs vorzuwerfen haben.«

»Eins steht fest«, sagte der Kriminalbeamte, »die Amerikaner sind nicht gerade, sagen wir mal, sanftmütig, wenn es um ihr Eigentum geht.«

»So, sind die nich?« rief Elisabeth, die jetzt eine Zigarette angesteckt hatte. »Denn soll'n die hinjehn, wo se herjekommen sind, oder die soll'n uns anständich beköstijen! Aber det Sie für die ooch noch die Laufburschen spieln...«

Und dann der 24. Dezember 1946. Das Geläut der Weihnachtsglocken, das von der Paulus-Kirche am Hindenburg-

Damm herüberwehte, drückte Hans Kramer, der auf seiner harten Pritsche lag, unweigerlich auf die Tränendrüsen. Das war nun das dritte Weihnachtsfest, das er nicht mit seiner Familie erlebte. 1944 auf einem Bauernhof in Ostpreußen. Trotz der Wein- und Schnapszuteilung, trotz der weiten Schneelandschaft war die Stimmung am Weihnachtsabend mehr als bedrückt. Jeder zum Zug gehörende Soldat dachte beim Anblick des mit Silberpapier geschmückten Tannenbäumchens, beim Flackern der wenigen Kerzen, an den jungen fröhlichen Bayern, dem eine defekte Handgranate am Vormittag bei einem Übungswerfen den halben Kopf abgerissen hatte. »Wieder mal Heimatsabotage«, war der Kommentar des Zugführers, eines jungen Leutnants, der sich noch viel vorgenommen hatte, um in diesem Krieg ein Held zu werden.

1945 in Wehrheim. Mit Joachim Fuchs wollte Hans den Heiligen Abend verbringen. Die Vorbereitungen waren getroffen. Lange schon hatten sie sich während ihrer Arbeit bei den Amerikanern Zutaten für ihre Kuchen organisiert. Ein kleiner Baum stand auch in Joachims Zimmer. Gegen Mittag wurde Joachim von seiner Wirtin für den Abend zum Entenbraten eingeladen, und Hans war allein. Er konnte auch nicht zu Else und ihren Eltern gehen, weil er deren Einladung wegen Joachim abgelehnt hatte, da er den nicht allein lassen wollte.

Und jetzt lag er in der engen Zelle des Untersuchungsgefängnisses in der Ringstraße in Lichterfelde. Sie waren zu fünft in dem Raum. Mit von der Partie war ein dicker Schieber, der über fünfzig war, zwei Zentner wog und der den ganzen Tag furzte.

»Du bist eine alte Sau, Theo«, sagten die anderen, die alle weit jünger waren. »Wie kann man denn mit leerem Magen ununterbrochen furzen?«

Da hockte der dicke Kerl sich auf das freistehende Klo in der Zellenecke, knurrte: »Entschuldigt man«, und legte erst richtig los.

Hans konnte sich nicht auf diese Toilette setzen, wenn die anderen dabei waren. Beim Arbeitsdienst schon hatte er Schwierigkeiten damit. Da hockten sie wie die Hühner nebeneinander auf den blankgescheuerten Brettern. Er mußte immer warten, bis die Latrine möglichst leer war. Beim Militär ging es ihm nicht anders. Und nun das hier. Er verzichtete oft auf den Hofgang, nur damit er diese menschenunwürdige Toilette für sich allein hatte. Dann dachte er, was müssen das für menschenverachtende Kreaturen gewesen sein, die auf den Gedanken kamen, Klos in die Zellen von Untersuchungshäftlingen einzubauen. Richtige Schweine müssen das gewesen sein, denen es nichts ausmachte, Menschen, die noch nicht verurteilt waren, in einem kleinen Raum essen, schlafen und scheißen zu lassen. Er war jedoch davon überzeugt, daß es das in neuen Gefängnissen nicht mehr geben würde. Diese Bauten hier, die stammten ja noch aus Zeiten, die nun überwunden sein sollten.

Auch das tägliche Gerede der drei Jüngeren war bald unerträglich. Sie unterhielten sich stundenlang darüber, wie sie in Wannsee, Dahlem oder Zehlendorf eine Wohnung nach der anderen ausgeräumt hatten, wobei sie die Wohnungen amerikanischer Offiziere bevorzugten. Als sie Hans fragten, was ihn denn in den Untersuchungsknast gebracht hatte, erzählte er, vielleicht, um nicht ganz wie Nulpe dazustehen, von den Benzindiebstählen seines Bruders und daß er da mitgemacht hatte. Von da an war er völlig uninteressant für die anderen. Die stürzten sich dann mit Begeisterung auf das Thema Nummer eins, die Mädchen und Frauen. Und da heizten sie sich gegenseitig hoch, daß selbst Theo die Hände über dem Kopf zusammenschlug und rief: »Aber sich darüber aufregen, daß ein alter Mann mal 'nen Furz läßt!«

Hans ließ sich von einem Wärter Schreibpapier bringen und fing wieder an, Gedichte zu machen. Das hielt ihn ein bißchen warm, als in diesem besonders kalten Winter 1947 Hunderte von Menschen hinter den nur notdürftig vernagelten Fenstern und Türen ihrer Wohnungen jämmerlich erfroren. In diesen Tagen und Nächten verschwand auch das Waldstück bei Düppel zwischen der Andréezeile und den Bohlen unter den Äxten der frierenden Laubenbewohner. Einer fing an und rief: »Jetzt reicht es! Den Krieg haben wir überlebt und sollen jetzt erfrieren? Wenn es von oben kein Brennmaterial gibt, dann holen wir es uns doch einfach!« Der Schrei löste Lawinen aus.

»Was schreibste denn da? Ach kiek an, Jedichte. Bist wohl so'n Stücke Joethe oder Schiller, wa?« Hans störte das bald nicht mehr. Er wartete auf sein Gerichtsverfahren.

Dann kam seine Mutter und erzählte: »Die olle Kunzen ihre Laube ist abjebrannt, warum, det weeß keener nich. Alle frieren, weil nischt zum Heizen da ist, und die hat, gloobe ick, ihren eisernen Ofen überheizt.«

Elisabeth kam zu jeder Besuchsstunde, und jedesmal brachte sie eine Kleinigkeit mit, ein paar Kekse, ein bißchen Schokolade, obwohl Hans ihr immer wieder sagte, sie solle das doch den Kleinen geben. Beim nächsten Besuch erfuhr er, daß sein Bruder Gerhard, der sich auf einem sogenannten »Jugendhof« befand, in der nächsten Woche seinen Prozeß vor einem Jugendgericht haben würde. »Die Frau Kramm vom Jugendamt in Zehlendorf meint, det eure Verfahren jetrennt durchjeführt werden, weil Gerhard doch noch Jugendlicher ist.«

Gerhard wurde vom Richter zu zwei Jahren Jugendhof

verurteilt. »Det ist so eene neumodische Besserungsanstalt«, erzählte seine Mutter. »So wie Struweshof früher draußen hinter Teltow, bloß det se da ja noch verprüjelt wurden und nun nich mehr. War ooch een Vertreter von die Amis mit dabei. Der Dussel hat behauptet, det Gerhard mindestens vierzich Kanister Benzin jeklaut hat. Det hat der sich jlatt aus die Finger jesogen. Und denn hat der ooch immer von Beisickel jequatscht, womit er Gerhards Fahrrad jemeint haben soll. Det hat mir Frau Kramm übersetzt.«

Was Elisabeth zu dem Zeitpunkt aber nicht wußte, war, daß ihr Sohn Gerhard nie auf dem Jugendhof angekommen war. Auf dem Bahnsteig der S-Bahn war er dem Polizeibeamten, der ihn nach der Gerichtsverhandlung dahin bringen sollte, entwischt im wahrsten Sinne des Wortes. Sie standen beide nebeneinander auf dem Bahnsteig und warteten auf den Zug. Da rollte hinter ihnen ein Gegenzug ein. Und in dem Moment, als der Zugabfertiger das Abfahrtssignal gab, drehte Gerhard sich um und sprang mit einem Satz durch eine Tür, die sich gerade schließen wollte. Der ältere Polizist reagierte viel zu langsam. Gerhard war auf Nimmerwiedersehen, oder besser gesagt für viele Jahre verschwunden.

Kurz danach, Anfang Februar, die Luft auf dem Gefängnishof war eisig, und den Häftlingen gefror fast der Atem, kippte Hans während des Hofrundganges um. Die Mauern fingen an sich zu drehen, verschwammen vor seinen Augen. Er fiel und fiel in einen endlosen Abgrund und wachte erst in der Haftanstalt Moabit auf der Krankenstation wieder auf. »Unterernährung und Kreislauf«, stellte der Arzt fest. Und nun war Hans in einem Zweibettzimmer zusammen mit einem Tuberkulosekranken, der in der zweiten Woche starb. Nachts, als Hans schlief, trugen sie den Mann leise hinaus.

Danach kam einer in das Zimmer, der sich in der Gefängniszelle mit einem Dosendeckel die Pulsader aufgeschnitten hatte, was erst sehr spät entdeckt worden war. Ein Vater von vier Kindern. Er saß wie andere auch wegen umfangreicher Lebensmitteldiebstähle in Untersuchungshaft. »Ich muß hier raus«, sagte der Mann, »sonst geht meine Familie völlig vor die Hunde! Wie soll'n die denn zurechtkommen bei der lausigen Kälte mit den wenigen Kalorien? Wir kriegen keine Pakete aus Amerika. Hat deine Familie schon mal so ein Care-Paket bekommen? Nee, was? Diese Freß- und Kleiderpakete kriegen Leute, die Verwandte oder Bekannte in den USA haben, aber wir doch nicht! Die für uns bestimmt sind, die werden verschoben, und der Inhalt landet auf dem schwarzen Markt. Nee, wer sich heutzutage nicht selbst hilft, der geht unweigerlich kaputt!«

Er hatte recht. Im RIAS wurde viel und lobend von dieser Care-Organisation gesprochen, und in der Zeitung war über die *Cooperative for America Remittances to Europe* zu lesen. Kramers und ihre Laubennachbarn haben nie etwas gesehen von diesen vielgepriesenen Wunderpaketen.

Endlich, am 25. Februar 1947, wurde Hans aus dem Gefängnis entlassen, in dem er gute zwei Monate in Untersuchungshaft sitzen mußte, weil er seinem Bruder Gerhard einmal beim Abtransport von gestohlenen Ami-Benzinkanistern behilflich war. Frau Kramm vom Jugendamt meinte während eines Besuches bei der Familie Kramer, daß bei Hans nichts mehr nachkommen würde, weil die Untersuchungshaft länger währte als die Strafe, die er zu erwarten hatte, und weil die Gerichte mit derartigen Verfahren völlig überlastet wären.

Ich hab so schrecklich Appetit...

»Wo sind denn unsere beiden Fahrräder geblieben?« fragte Hans seine Mutter, als er sich im Schuppen gründlich gewaschen hatte und nun das saubere Hemd überzog, das sie ihm zurechtgelegt hatte. »Habt ihr die etwa auch schon im UNRRA-Lager gegen Fressalien eingetauscht?«

Elisabeth stand in der Tür und rauchte. Sie sah ihren Ältesten lange an. »Dürrer wie du kann een Mensch überhaupt nich werden. Siehst ja aus wie eene Bohnenstange. Den Schuppen ham se uffjebrochen und die Räder jeklaut. Nur Vater hat seins noch, weil der den Abend jrade bei Hering-Schuster war.«

»Und? Ihr habt doch Anzeige erstattet? Die Räder waren ja wohl mehr wert als der eine Kanister Benzin, für den die mich so lange eingebuchtet haben.«

»Da ist derselbe Beamte jekommen, der dir abjeholt hat. Der hat sich allet uffjeschrieben, und det war's denn. Um die Fußspuren im Jarten hat der sich überhaupt nich jekümmert. Wollte nur wissen, wo wir die Räder herhaben.«

Hans lachte trocken. »Also sind wir für die Heinis schon so was wie 'ne Ganovenfamilie! Ist ja wieder typisch! Soll ja nun alles viel gerechter werden, sagen sie, jetzt, wo wir die Demokratie haben. Und was ist, die kleinen Leute sind immer die Gelackmeierten, und das auf der ganzen Linie! Ach, die ganze Bande soll mich doch am Arsch lecken!«

»Det macht der Kripomensch bestimmt nich. Der jeht doch bald in Pension, so verknittert wie der schon aussieht... Hörste wat? Unsere kleene Furzkruke meldet sich.«

Bevor Hans seine Kleidung zur schmutzigen Wäsche warf,

zog er die zusammengefalteten Zettel mit den im Gefängnis geschriebenen Gedichten aus der Innentasche des Jacketts und strich sie glatt. Er setzte sich in die warme Küche und las die Zeilen noch einmal durch. Plötzlich meldete sich sein leerer Magen geradezu unverschämt. Er schnitt eine schmale Scheibe vom Brot und aß sie trocken. Viele Dichter waren doch in ihren jüngeren Jahren ganz arme Schweine, überlegte er. Manche kamen erst zu Ruhm und Ehren, als sie gestorben waren.

Im letzten Lazarett in Bad Brambach im Vogtland hatte er sich viel damit beschäftigt, obwohl die in der kleinen Bücherei nur Literatur stehen hatten, die bei den Nazis erlaubt war. Otto Julius Bierbaum gefiel ihm ganz gut. Na, der war ja auch nicht alt geworden. Auch Schiller oder Wilhelm Busch konnte er was abgewinnen. Zahlreiche Schriftsteller hatten im Gefängnis gesessen. Hans dachte an den Mecklenburger Fritz Reuter, den einzigen Dichter, den sein Vater etwas näher kannte. Reuter hatten sie aus politischen Gründen sogar zum Tode verurteilt, dann aber begnadigt. Immerhin saß er sieben Jahre im Kerker einer Festung. Sieben Jahre, was waren seine zwei Monate dagegen? Karl May, der war ja oft im Gefängnis und wurde als Schriftsteller doch berühmt. Es war also keine Schande, wenn man...

Seine Mutter hatte in der Stube das Radio laut gestellt und kam jetzt in die Küche, Helmut auf dem Arm. Was er doch für Ähnlichkeit mit Gerhard hatte.

»Wo Gerhard jetzt wohl stecken mag«, überlegte Hans.

»Verhungert ist der bestimmt nich, wie ick ihn kenne«, war Elisabeths Kommentar.

Hans war schon wieder über ein Jahr in Berlin, als er mit einem ziemlich schlechten Gewissen zum erstenmal Hallmanns

»Hier können Familien Kaffee kochen!« hieß es früher auch in dem am alten Zehlendorfer Königsweg gelegenen Gartenlokal »Zum Wiesengrund«. Nach dem Krieg wurden die Gebäude als Reitstall genutzt.

Der ganze Stolz der jungen Männer in der Laubenkolonie waren die kurzärmeligen Buschjacken. Sie gehörten zu den ersten Neuanschaffungen, vorausgesetzt natürlich, man hatte das Material und jemanden, der sie nähte.

Autowerkstatt aufsuchte, in der er während des Krieges seine Lehre als Autoschlosser gemacht hatte. Alles war noch so wie früher in der stillen Zehlendorfer Seitenstraße: der weiße Flachbau mit der überdachten Tankstelle davor, die Hofeinfahrt auf der rechten Seite und die Mauer, mit der er einmal bei ersten Fahrversuchen unangenehm in Berührung gekommen war. Viele unbekannte Gesichter hinten auf dem Hof. Wie bei Meier am Breitenbachplatz auch hier ein buntes Gemisch der verschiedensten Fahrzeugtypen. Aber der Altgeselle war noch da, der fast schon zur Familie Hallmann gehörte. Er schüttelte Hans erfreut die Hand. »Mensch, Langer, du lebst auch noch? Aber was abgekriegt haste auch, wie?«

»Die Kniescheibe ist hin«, nickte Hans. »Nun ist das Bein fast steif.«

»Na, die Hauptsache ist ja, daß du lebst«, sagte der Geselle. »Von den anderen, die zu deiner Zeit hier waren, ist noch nicht einer aufgetaucht. Der Dicke aus Klein-Machnow, der ist gefallen kurz vor Weihnachten vierundvierzig. Der war ja noch Flak-Helfer.«

»Der Dicke lebt nicht mehr?« Hans war erschüttert, denn während seiner Lehrzeit war er mit Dieter befreundet. »Ich bin im Herbst mal vorbeigefahren und hab mich gewundert, daß da ein anderer Name an der Tür stand. Demnach ist seine Mutter auch weggezogen.«

»Du bist schon seit dem Herbst hier, Langer? Und warum bist du nicht mal hergekommen? Ich meine, wir haben jetzt viele andere Leute hier, auch welche von den Flüchtlingen, die in Berlin hängengeblieben sind.«

»Sie meinen, daß der Meister mich gar nicht mehr gebrauchen kann?«

»Aber klar. Hallmann wird dich schon einstellen. Geh mal rein zu ihm, er ist vorn im Büro.«

Mit Beklemmung betrat Hans das Büro. Zuerst sah er Wilma Hallmann, seine frühere heimliche Liebe, hinter dem Schreibtisch. Sie blickte zwar kurz auf, verzog aber keine Miene, tat so, als wäre er ein Fremder.

Anders der Meister. Der sprang gleich vom Stuhl auf und streckte Hans die kurzen Arme entgegen. »Kramer, daß du heimgekehrt bist!« Etwas zu theatralisch zog er Hans an seine Brust und klopfte ihm auf die Schulter. In dem Moment war Hans' schlechtes Gewissen noch stärker. Er bereute, daß er nicht schon vor einem Jahr zu Hallmann gegangen war. So, wie er aufgenommen wurde, als Heimkehrer...

Natürlich wollte er Hans einstellen. Aber dann: »Kriegsbehindert bist du?« Er nickte bedächtig. »Keiner ist wohl heil davongekommen in diesem blöden Krieg.« Dann schüttelte er den Kopf. »Daß es ausgerechnet das Bein ist. Da kannst du doch gar nicht mehr so richtig, ich meine, unter die Fahrzeuge und so. Da bist du doch gar nicht beweglich genug. Und beweglich müssen wir sein in dem Beruf, gerade jetzt, wo wir wieder aufbauen. Wäre ja auch eine große Verantwortung für mich. Aber – na ja – bleiben kannst du natürlich. Ich könnte nämlich noch einen zuverlässigen Helfer gebrauchen.«

»Als Hilfsarbeiter, Meister?« Jetzt schüttelte Hans den Kopf. »Vielleicht für die Dreckarbeiten, die im Krieg der Adrian aus Holland hier machen mußte? Also nee...«

Hallmann hielt ihm eine Packung Ami-Zigaretten hin. »Damals, das waren ganz andere Zeiten, Junge. Damals hat man jeden unter Druck gesetzt. Das sollten wir alle flink vergessen. Ich meine, für den Anfang, wo du doch gerade zurückgekommen bist...«

»Zurückgekommen bin ich schon vor einem Jahr, Herr Hallmann«, erklärte Hans trotzig. »Und in der Zeit habe ich auch als Autoschlosser gearbeitet. Ein Glück, daß ich nicht schon früher hergekommen bin. Auf Wiedersehen, Meister!«

»Warst schon immer ein eigenwilliger Bursche, Kramer!« rief Hallmann ihm nach.

Und Hans dachte: Und du warst schon immer ein Arschloch. Es gab ja auch noch woanders Arbeit. Hans mußte auf dem Rückweg daran denken, wie Hallmann ihm vor Weihnachten 1944 einen Brief an die Ostfront geschickt hatte. In dem Kuvert steckten zwanzig Mark. Und in dem Brief stand allerlei von dem üblichen Gefasel, von wegen Stolz auf die tapferen Frontsoldaten, die vereint mit der Heimatfront – damit meinte er sich selbst – für den Endsieg kämpften, für Volk und Führer! Als er den Brief erhielt, fühlte er sich gar nicht als tapferer Krieger, denn er war gerade ein paar Tage zuvor zu verschärftem Arrest verurteilt worden wegen Wachvergehens vor dem Feind.

Als Hans zu Hause vom Ergebnis seines Besuchs erzählte, meinte sein Vater: »Die Leute suchen sich jetzt alle möglichst günstige Ausgangspositionen. Leute wie Hallmann waren im Dritten Reich oben, ohne in der Partei gewesen zu sein. So als Mitläufer. Waren schlimmer, als die, die ihr Parteiabzeichen offen rumgetragen haben, viele davon jedenfalls. Und jetzt sind sie auch wieder oben, eben weil sie ja weiße Westen hatten. Kriegskrüppel stören nicht nur beim Geldverdienen, die wekken durch ihr bloßes Dasein auch dauernd Erinnerungen.«

»Ach wat, Schweineköppe sind det!« schimpfte Elisabeth. »Immer fest uff'n dicken Arsch sitzen. Ick hätte die in Nürnberg alle mit abjeurteilt.«

Karl Kramer mußte lachen. »Dann hätte der Prozeß nie ein Ende gefunden. Das war nach dem Ersten Weltkrieg genauso. Gewinner und Verlierer sind doch nie ganze Nationen, sondern immer einzelne Leute.«

Schönower Geschichten

Als nach dem extrem kalten Winter der allerseits herbeigesehnte Frühling endlich kam, hatte Hans ein Fahrrad zusammengebaut als Ersatz für die gestohlenen Räder. Gut, es war kein schönes Fahrrad, dazu noch ein Damenrad, aber es war fahrtüchtig. Gerhard hätte die Teile dafür wahrscheinlich schneller herbeigeschafft, auf seine eigene Weise natürlich. Hans war mit dem zufrieden, was er auftreiben konnte. Die Fahrradbereifung war ein besonderes Problem gewesen. Die beiden Schläuche waren vielfach geflickt, hielten aber die Luft.

Noch immer ohne Arbeit, radelte Hans die Andréezeile hinauf, vorbei an einer benachbarten Laubenkolonie bis an die Machnower Straße. Er ließ den breiten Betonklotz des Luftschutzbunkers, in dem seine Mutter und seine Geschwister manche bange Stunde verbracht hatten, links liegen und fuhr dann in Richtung Teltow-Werft, die zu Beginn des Jahrhunderts ein kleines Elektrizitätswerk gewesen war.

Auf der linken Seite, bis hin zur Wohnsiedlung für das Telefunkenwerk, lag der ehemalige Pfarracker. Rechts, wo sich vor gar nicht langer Zeit grüne Wiesen am Buschgraben entlangzogen, wo Hans mit seinem Bruder oft Futter für Vaters Karnickel geholt hatte, wo es einen schönen Ausblick gab auf die unter alten Bäumen entstandene Klein-Machnower Villenkolonie, befand sich jetzt eine ausgedehnte Mülldeponie, über der immer eine dichte Wolke hing, wenn wieder einmal ein Müllwagen sich seiner stinkenden Last entledigt hatte. Ständig stocherten ein paar Leute in den Abfallbergen herum, denn auch die Amerikaner brachten ihre Abfälle hierher. Da gab es schon mal ein paar noch verschlossene Konservendosen zu entdecken oder feste Kleidungsstücke, die man waschen konnte.

Hans hatte da auch schon herumgestöbert. Er suchte aber nicht nach Lebensmitteln, sondern nach weggeworfenen technischen Teilen aller Art, die er für seine Basteleien verwenden konnte. Heute fuhr er weiter bis an den Teltow-Kanal, auf dem es keinen Schiffsverkehr mehr gab, seit die Machnower Schleuse durch Kriegseinwirkungen defekt war. Das Schleusentor war nun geschlossen und verkeilt. Zur Zeit erfüllte das Bauwerk nur die allerdings sehr wichtige Aufgabe, die Höhenunterschiede des Kanalwassers zu regulieren.

Hans blieb mit seinem Fahrrad auf der Berliner Seite des Kanals. Die saftiggrüne Wiesensenke, die sich bis zum Dorf Schönow erstreckte, war noch ein Überbleibsel des ehemaligen Schönower Sees. Die Kanalisierung der Bäke durch den Bau des Teltow-Kanals als südliche Schiffahrtsverbindung zwischen den Havelseen und der Spree um die Jahrhundertwende und die darauf folgende Umfunktionierung großer Teile der Schönower Feldmark in Industriegelände hatten die ursprüngliche Landschaft sehr zu ihrem Nachteil verändert.

Verschwunden waren unter der Schönower Brücke, über die einmal der Autobus »T« fuhr, von der Turmstraße in Moabit kommend mit Endstation draußen am Bahnhof Teltow, die Dampferanlegestellen, die Hans noch aus seiner Schulzeit kannte. Hier begannen und endeten damals die Fahrten der Dampfer, die Schüler und Eltern der Zehlendorfer Süd-Schule hinaus in die schöne märkische Umgebung brachten.

Die Anlage des Dorfes Schönow, das bereits 1299 urkundlich erwähnt wird und damit beinahe genau so alt ist wie Zehlendorf, glich der aller märkischen Dörfer. In der Mitte, nicht sehr lang, der schmale, kopfsteingepflasterte Fahrweg. Zu beiden Seiten breite Sand- und Grünstreifen, hier mit Kastanienbäumen bestanden, deren Blätter gerade anfingen, sich aus den prallen Blattknospen zu entfalten. Die noch vorhandenen alten Wohnhäuser niedrig und weit zurückgebaut, mit den Fronten zur Straße stehend, manchmal mit kleinen Vorgärten versehen. Und die Höfe, soweit es diese noch gab, hinter den Wohnhäusern in sich geschlossen.

Auf der anderen Seite des Teltower Damms lag früher das Rittergut Schönow. Der letzte Gutsbesitzer war ein gewisser Beskow, dessen Name heute, falsch geschrieben, in dem benachbarten Beeskowdamm überliefert ist. Ihm verdankte das Dorf eine Grundschule, in der von 1894 bis 1914 Unterricht stattfand. Dann übernahm die Zehlendorfer Süd-Schule die Schüler. Mit dem Bau des Teltow-Kanals gerieten Gut und Gemarkung in die Hände von Grundstücksspekulanten.

Auf dem größten Teil des Geländes errichtete vor dem Ersten Weltkrieg die Elberfelder Papierfabrik ihre Bauten, aus denen sich, in immer größerem Umfang, die »Zehlendorfer Spinne«, die Chemie-Faser-Werke, entwickelten. Auch im Dorf erwarb der Betrieb Grundstücke und Gebäude, so daß der Name Schönow lange Zeit mit der für ihren »schlechten Geruch« bekannten Fabrik verbunden war.

Ganz hinten, an einen der letzten Bäume lehnte Hans sein Fahrrad. Er hatte drüben vor einem Haus einen alten DKW mit Kastenaufbau entdeckt, der den Namen der Chemie-Faser-Fabrik trug. Als der Fahrer des Lieferwagens auf die Straße kam, hatte Hans einen Einfall, und er fragte sich, warum er jetzt erst darauf kam.

»He! Sie!« rief er, bevor der Mann in sein Fahrzeug stieg. »Nur mal 'ne kurze Frage!«

Der Fahrer stützte sich mit einer Hand auf den grau gestrichenen Wagen, wartete ab. Hans nickte grüßend. »Sie sind doch da drüben aus der Fabrik?«

»Steht hier groß dran. Warum?«

»Weil... es ist so... ich bin nämlich Autoschlosser und suche Arbeit. Lohnt es sich, wenn ich in der Fabrik mal anfrage?«

Der Fahrer musterte ihn so eingehend, als ob er selbst für Neueinstellungen zuständig wäre. »Vielleicht! Melde dich mal im Personalbüro. Sag einfach, Willi Bohnewitz hat dich geschickt. Hat dann mehr Gewicht. Also merk dir, Bohnewitz und Willi, klar?«

»Ist klar. Danke, Willi! Morgen früh trete ich da an.«

Während Willi ihm nachsah und brummte: »Wer Bohnewitz nach Arbeit fragt, muß eigentlich ganz brauchbar sein«, stieg Hans auf sein Damenfahrrad und strampelte, die ganze Kraft in sein gesundes Bein legend und munter pfeifend, nach vorn zum Teltower Damm. Ein Stück vorgebaut, über den Gehweg bis an die Straße reichend, stand da immer noch das frühere Zollhäuschen. Jetzt wohnte ein Behinderter mit seiner großen Familie drin.

Zwischen dem gelben Backsteinbau der alten, frei in der Landschaft stehenden Schule, deren Dachgiebel von zwei steinernen Kreuzen geziert wurden, und dem kleinen Schönower Friedhof begann die lange Andréezeile, auf der Hans wieder zurück bis zur Laubenkolonie »Feierabend« fuhr.

Sie nannten ihn Kommunisten-Heiner

Im Personalbüro, das ganz hinten im Betrieb in einigen engen und niedrigen Räumen über mehreren Garagen untergebracht war, ging alles viel unkomplizierter vonstatten, als Hans geglaubt hatte. Fräulein Jakob, die Personalchefin, blätterte seine Papiere flüchtig durch und sagte: »Wenn unser Meister, der Herr Naube, Sie gebrauchen kann und der Betriebsrat Ihrer Einstellung zustimmt, dann können Sie morgen sofort anfangen.«

Hans war zufrieden. Er hatte den Namen von dem Kraftfahrer, diesem Willi, gar nicht erwähnt. Mit dem Meister würde er schon klarkommen, und mit der anderen Type da... Was war der? Betriebsrat? Da mußte er erst einmal sehen, was der hier in der Fabrik darstellte. Ein Mädchen aus der Personalabteilung brachte ihn über den Hof. Dieser Apriltag des Jahres 1947 war kühl und regnerisch. So wirkten die überwiegend alten Gebäude und die vielen wie sinnlos herumhängenden dicken und dünnen, blanken und rostigen Rohrleitungen noch abschreckender. Er sagte sich aber, mit dem Chemiekram hier hast du ja wohl nichts zu schaffen. Als er durch ein hohes Einfahrtstor in die Autowerkstatt kam, als ihm der Geruch von Öl und Benzin vertraut in die Nase stieg, als er die Werkbänke sah, die Schraubstöcke, die mit öligen Brettern abgedeckte Montagegrube, den Flaschenzug an der Laufkatze, den halb auseinandergenommenen Opel, den Tempo-Laster mit drei Rädern, und als ihn schließlich auch die Männer in den dunkelblauen, verschmutzten Montageanzügen lächelnd, grinsend oder nur kopfnickend begrüßten, fühlte er sich sofort wieder heimisch.

Meister Naube gab sich kühl und sachlich, stellte ihm nur wenige Fragen. Er schien zufrieden, als Hans ihm sagte, daß er bei Hallmann seine Lehre gemacht und daß er eine Zeitlang bei Meier am Breitenbachplatz gearbeitet hatte. Die beiden Betriebe waren ihm wohlbekannt. »Na gut, versuchen wir es, Herr Kramer. Wir haben eine Probezeit von neun Wochen.«

Anschließend begleitete ihn ein Schlosserhelfer zu diesem Betriebsrat. Es ging wieder zurück in das kleine Haus, in dem das Personalbüro untergebracht war. Später erfuhr Hans, daß diese Räume früher zur Wohnung von Willi Bohnewitz gehörten, als der noch Chauffeur vom alten Direktor Levermann war. Das war ja auch einleuchtend, gleich über den Garagen. Das alte Bürogebäude hinten am Kanal, in dem es auch ein Kasino für die Angestellten gab, war als einziges Haus der ganzen Fabrik im Krieg von einer Brandbombe getroffen worden. Das Betriebsratszimmer war mit drei Leuten besetzt, einer älteren Frau und zwei Männern. Das heißt, der zweite Mann hatte seinen Schreibtisch draußen vor der Tür im Gang stehen, weil das Büro wirklich eher ein Mauseloch als ein Zimmer war.

Der Vorsitzende war so um die Fünfzig und stellte sich als Heiner Wuttke vor. Auf den ersten Blick wirkte er etwas mürrisch. Viele Betriebsangehörige nannten ihn »Kommunisten-Heiner«, weil er ein alter KPD-Mann war und diese Tatsache auch nicht leugnete. Auch das erfuhr Hans später. Von Beruf war Wuttke Heizer. Und als solcher arbeitete er seit vielen Jahren in der Kraftanlage des Betriebes. Allerdings gab es für ihn während der Nazi-Zeit Unterbrechungen in seiner Tätigkeit. Immer wieder war er verhaftet, eingesperrt, oft auch nur zu Verhören abgeholt worden. Wenn in der Firma, in der Umgebung oder in seiner Wohngegend auch nur ein Flugblatt aufgetaucht war, das sich gegen die Nationalsozialisten richtete, wurde Heiner Wuttke immer zuerst verdächtigt. Manchmal saß er wochenlang in irgendeinem Gefängnis.

Willi Bohnewitz, der schon 1929 aus Westfalen nach Berlin in den Betrieb gekommen war und der ebenfalls zum Bereich der Autowerkstatt gehörte, erzählte Hans, daß Direktor Recke, Levermanns Nachfolger, sich in den vergangenen Jahren mehrmals für Heiner Wuttke eingesetzt hatte.

Als die Gestapo einmal Heiners Schrank in der Kraftanlage nach Flugblättern durchstöberte, fand sie nichts, obwohl es einen diesbezüglichen Hinweis gegeben haben soll. Aber auch Heiner hatte eine anonyme Warnung erhalten, worauf er die Flugblätter rechtzeitig im Heizkessel verschwinden lassen konnte. Sie nahmen ihn trotzdem mit.

Da war es der Diplomkaufmann Dr. rer. pol. Walter Recke gewesen, der Wuttke als für den »volkswirtschaftlich wichtigen Betrieb unentbehrlich« aus der Haft freibekam. Und ein paar Monate später mußte der »Betriebsführer«, wie sie den Direktorenposten betitelt hatten, Wuttke noch einmal, diesmal aus dem Polizeipräsidium am Alexanderplatz, holen.

Ganz klar, daß Recke damit nicht unbedingt einen Blumentopf bei den Nazis gewinnen konnte. Er war nie ein Freund der Nationalsozialisten, aber auch nicht deren aktiver Gegner. Hätte er sonst die Jahre ungeschoren überstehen können? Wuttke wußte selbst nicht, wie es Recke jedesmal gelungen war, ihn aus der Haft freizubekommen, ob er dafür nicht auch Leute aus dem Betrieb wie die Doktoren Heiterlitz und Soltau einspannte, beide als überzeugte und aktive Mitglieder der NSDAP bekannt.

Jedenfalls hatte die sowjetische Militäradministration 1945 keine Bedenken gehabt, Dr. Recke auch weiterhin als Betriebsleiter der Chemie-Faser-Werke einzusetzen.

Heiner Wuttke trug eine blaue Arbeitsjacke. Auf seinem Schreibtisch stand ein Bild von Karl Marx. Er schüttelte Hans die Hand. »Du willst also bei uns in der Autowerkstatt anfangen. Wo haste denn schon gearbeitet? Erzähl mal ein bißchen was über dein Leben. Man muß sich doch ein Bild machen können über einen neuen Kollegen.«

Hans wußte zwar nicht recht, was den das anging, aber nachdem er sich gesetzt hatte, erzählte er: Lehrzeit in Zehlendorf, Reichsarbeitsdienst und Militär, Lazarett, kurze Gefangenschaft, in Hessen Weinflaschen gespült, in Friedrichsdorf in der Zwiebackfabrik gearbeitet. Dann die beiden Stellen in Berlin.

»Wo warste denn in Gefangenschaft?«

»Wo? Erst beim Ami, aber da noch im Lazarett wegen meiner Kriegsverwundung. Und dann, als die Russen die Amis aus Sachsen verjagt haben oder so, da war ich noch kurz beim Russen. Die haben uns aber wieder zum Amerikaner nach Hof abgeschoben.«

»Wie du das so erzählst, Kollege«, sagte Heiner nachdenklich, »ergibt das richtig schöne Geschichtsverfälschungen. Später vielleicht glaubt man das so. Also hör mal gut zu, weder die Sowjetarmee hat die Amerikaner aus Sachsen und Thüringen verjagt, noch haben die Amerikaner sich verjagen lassen. So wie das heute ist, mit den Zonen in Deutschland und mit den Sektoren in Berlin, so wurde das von Stalin, Roosevelt und Churchill vorher vereinbart. Mußte dir mal merken. Ist wichtig, daß man keinen Unsinn erzählt. Und so, wie das nun hier im Betrieb ist, wurde es 1945 vom sowjetischen Kommandanten angeordnet. Der hat den Betriebsleiter und auch die Personalchefin eingesetzt. Und nachdem am 10. April 46 die Bildung von Betriebsräten zugelassen worden ist, haben wir sofort einen gewählt, das heißt, die Belegschaft hat gewählt. Und der Betriebsrat ist hier gleichberechtigt! Haste wohl noch nirgens kennengelernt?«

Nein, wo denn? Weder in der Wehrheimer Weinkellerei, noch in der Zwiebackfabrik kannten sie die Bezeichnung und den Begriff »Betriebsrat«. Auf dem Motorpool und bei Meier schon gar nicht. Im Krieg, bei Hallmann, hatten sie einen Betriebsobmann wählen müssen. Was heißt wählen? Der Name vom Altgesellen stand oben auf dem Zettel. Aber was der für Aufgaben hatte, das hing irgendwie mit der Deutschen Arbeitsfront zusammen.

»In der Arbeitsfront war ich«, sagte Hans.

Wuttke winkte ab. »Wer von uns war das nicht. Selbst mir haben die den Beitrag abgezogen, obwohl ich ja immer für unwürdig befunden wurde, zu den anständigen Volksgenossen zu gehören. Viele Kollegen glauben heute noch, unsere Gewerkschaft wäre auch so was wie die Arbeitsfront der Nazis. Kannste keinem übelnehmen. Das sitzt noch so drin, wird dauern, bis wir diese Ideen bei allen raushaben. Wir Arbeiter, wir müssen jetzt stark und einig sein, und das sind wir in unserer Gewerkschaft.«

Ach du Scheiße, dachte Hans. Der klopft ja vielleicht Sprüche! Da kommt Kurt Molinskys Vater gar nicht mit. Als ob der hier der Größte ist. Wie das von Bude zu Bude anders ist. Ein wilder Ami-Offizier, ein Werkstattinhaber mit Schiebergeschäften, ein bedauernder Lehrmeister, und hier – wenn dieser Betriebsrat genauso viel zu melden hatte wie der Direktor – ein... ja, ein politischer Sprücheklopfer!

Er mußte den Betriebsratsvorsitzenden recht zweifelnd angesehen haben, denn Heiner grinste nun und sagte: »Kommste nicht ganz mit, was? Alles ziemlich hochtrabend für dich. Du hast ja noch ein bißchen Zeit. Da will ich dir das mit der Gewerkschaft mal erklären. Soll ja keiner je wieder unwissend in was reinschlittern. Das haben wir hoffentlich hinter uns. Sieh mal, die Aufgaben des FDGB: Der Kampf gegen den Faschismus und den Militarismus erst mal, dann die Säuberung der Verwaltungen und der Betriebe von aktiven faschistischen Elementen, bessere Versorgung der Bevölkerung, Vertretung der Arbeiter und Angestellten, Mitarbeit beim Wiederaufbau, Erziehung der Arbeiter im Geiste des Antifaschismus, des demokratischen Fortschritts, zur Erkenntnis ihrer sozialen Lage. Ja, hört sich so wie gedroschenes Stroh an, ist aber keins, ist Gewerkschaftsprogramm. Klar, daß die Amerikaner, und das kriegen wir natürlich erst recht in der amerikanischen Zone zu spüren, andere Vorstellungen haben von einer Gewerkschaft als wir.«

»Warum das denn?« fragte Hans. »Diese Punkte da, die sind doch ganz einleuchtend. Militär haben und wollen wir nicht mehr, die Nazis sind weg und...«

Heiner seufzte. »Das hören wir hier jeden Tag. Die Nazis sind weg – weggewischt für immer. Wenn das so wäre, dann könnten wir vieles aus unserem Programm streichen, um uns den eigentlichen Aufgaben zuzuwenden, denn dann...«

Geduldig hatte Hans ihm zugehört. Auch die Behauptung Heiner Wuttkes nahm er zur Kenntnis, daß die Amerikaner ganz andere Vorstellungen hatten von einer Gewerkschaft in Deutschland als die Mitglieder des FDGB, daß ihnen Begriffe wie Industriegewerkschaft oder gar Einheitsgewerkschaft überhaupt nicht in den Kram paßten. Was sollte Hans dazu auch sagen? So hielt er lieber den Mund und unterschrieb einen Aufnahmeantrag, wurde Gewerkschaftsmitglied.

Er hatte sich schon verabschiedet und wollte zur Tür hinaus, als Heiner rief: »Moment noch, Kollege! Du bist zwar noch sehr jung und warst auch schon Soldat, trotzdem – warst du in der Partei? Ich meine Mitglied der NSDAP?«

Ach, Scheiße! dachte Hans. Jetzt ist es wohl aus mit der Arbeit hier. »Ja«, sagte er, »das heißt, nicht direkt.«

»Was denn nun? Nicht direkt? Setz dich noch mal hin, bist ja ganz nervös. Du bist in der Hitlerjugend gewesen. Das meine ich nicht. Erzähl doch mal.«

In knappen Sätzen erzählte Hans von seinem Leben, seinen Eltern, der Laubenkolonie, von Onkel Robert, von der Feuerwehr-HJ und von der unfreiwilligen Übernahme in die Partei.

Inzwischen waren zwei weitere Kollegen in das Betriebsratszimmer gekommen und hatten zugehört. Endlich sagte Heiner: »So gesehen ist das doch kein Beinbruch, oder ? Was glaubst du, was wir in der Richtung alles zu hören bekommen. Du fällst ja unter das Entnazifizierungsgesetz.«

»Entnazifi…? Was ist das denn?«

Einer der anwesenden Kollegen lachte bitter. »Det ist so, als wennste jestern noch'n schwarzen Fleck am Hemde hattest, und heute isset plötzlich schön weiß. Weeßte, so wie bei den ollen Ablaßpredijer Tetzel früher. Da konnte man sich für Jeld von alle Sünden freikoofen und kam in Himmel.«

»Wenn man uff'n Papier nämlich keen Nazi mehr ist, denn kann man wieder jedes Amt übernehmen«, setzte der andere hinzu.

»Erzähl keinen Stuß, Willem!« rief Heiner etwas ungehalten. »Das entscheidet kein Ablaßkasten, das entscheiden Spruchkammern, und zwar grundsätzlich über alle Parteimitglieder. Da gibt's die Hauptschuldigen, Belastete, Minderbelastete, Mitläufer, Entlastete. Das geht dann vom Todesurteil, wie beim Nürnberger Prozeß, bis zur Geldbuße.«

»Und die Nazis, die nich in der Partei waren?« fragte Willem. »Ich meine, es jab doch ville, die rannten ohne Bonbon rum und waren schlimmer als manche Joldfasane…«

Aber essen wollt ihr alle

Dieser Sonnabend im Juli war sehr heiß. Die Temperaturen hatten die Dreißig-Grad-Grenze erreicht. Im Schatten des Küchenbaus aber, wo Hans in einem oft geflickten Liegestuhl lag, ging ein leichter Wind. Wenn er am Sonnabendmittag aus der Fabrik kam, überfiel ihn, kaum daß er mit dem Essen fertig war, regelrecht die Wochenendmüdigkeit. Es gab viel zu tun in der Autowerkstatt. Alle Fahrzeuge waren alt und sehr reparaturanfällig. Auch die Traktoren, die von der Transportkolonne gebraucht wurden, um die mit Lauge oder Schwefelkohlenstoff gefüllten Kesselwagen und die mit Kohle und Rohzellstoff beladenen Güterwaggons zu rangieren, hatten ihre Jahre auf dem Buckel.

Die Schlosserarbeiten an den Treckern waren besonders schwer und schmutzig. Hinzu kam, daß Meister Naube kein bequemer Vorgesetzter war. Gerecht war er, aber er verlangte eine ganze Menge. Der Opel, Baujahr 1938, den Dr. Recke, der Chef, fuhr, mußte stets so aussehen, als wäre er geradewegs von der Herstellerfirma gekommen. Niemand wußte, wie viele hochrangige oder besserbetuchte Leute damit schon durch die Gegend kutschiert waren. Dr. Recke aber duldete nicht das geringste Klirren und schon gar kein Klappern. Wahrscheinlich wollte er jeden Tag erneut den Eindruck haben, in ein nagelneues Fahrzeug zu steigen. Auch das bedeutete für die Autowerkstatt Arbeit.

Am 1. Mai hatte Hans zum erstenmal eine Betriebsfeier mitgemacht. Bereits am frühen Vormittag versammelte sich der größte Teil der Belegschaft auf der Werkstraße. Die laufenden Schichten mußten allerdings arbeiten, weil der Produktionsablauf einen völligen Stillstand nicht zuließ. Alle waren fein angezogen. Weil der Wind kühl war, trugen die Frauen bunte Tücher. Bei den Männern waren es zwar nicht immer weiße Hemden, mindestens aber Krawatten. Süßigkeiten und Gebäck wurden verteilt. Um Ärger mit den vielen Andersdenkenden zu vermeiden, wollte Heiner Wuttke die rote Fahne erst ausrollen lassen, wenn sie die Notbrücke über den Kanal passiert hatten und in der sowjetischen Zone waren.

Es gab natürlich auch viele, die überhaupt nicht mit einer Mai-Demonstration in Teltow einverstanden waren, darunter auch Willi Bohnewitz und Meister Naube. Wenn der »Tag der Arbeit« schon gefeiert werden sollte, sagten sie, dann im Betrieb und ohne Politik. Dann gab es welche, die davon sprachen, daß eine andere, sie sagten »unabhängige«, Gewerkschaft gegründet werden müßte in Berlin.

Hans Kramer gehörte weder zu diesen noch zu jenen. Er war bisher nicht bereit, eine feste Position zu beziehen, aber er wollte dabeisein. So ging er mit dem Zug bis zum Marktplatz der Kreisstadt Teltow. Hier trafen sie mit den Belegschaften anderer Betriebe zusammen. Als einer den Vorschlag machte, solange die da vorne »ihren Käse runterquatschten« in den »Schwarzen Adler« zu gehen, um ein Bier zu trinken, folgten ihm nicht wenige. »Wat soll'n wa uns an so'n schönen Feiertag die Beene in Bauch stehn und denn ooch noch mit die trockne Kehle singen?« Aber im Lokal mußten sie auch stehen, es war gerammelt voll. Erst als draußen die »Internationale« erklang, fanden sich alle wieder zum Rückmarsch ein.

Gefeiert wurde in einer alten Werkhalle, die jetzt als Speiseraum eingerichtet worden war. Hier saßen sie auf einfachen Bänken an langen Holztischen und aßen dicke Nudeln, über die sich jeder nach Belieben und Geschmack eine graue Nähr-

Der Bauernfamilie Zinnow gehörte dieses heute noch gut erhaltene Haus im Dorf Schönow im Südwesten des Bezirks Zehlendorf. Sehr gut läßt das um 1299 zum ersten Mal erwähnte Dorf die in der Mark Brandenburg übliche Baugliederung erkennen.

Auch in den Jahren nach dem Krieg gab es in der ausgedehnten Laubenkolonie »Feierabend«, die Mitte der sechziger Jahre Neubauten weichen mußte, die beliebten Laubenpieperfeste.

hefe streuen konnte. Bier und Schnaps schenkte der Transportmeister Wippler aus, ein ehemaliger Gastwirt.

So war die Stimmung schon angehoben, als Dr. Recke, wie immer bei seinen Ansprachen, ganz väterlich und Heiner Wuttke recht kämpferisch ihre Reden hielten. Hans klatschte mit den anderen, wobei ihm nicht ganz klar war, ob der Beifall dem Inhalt oder dem Schluß galt.

Interessanter war da schon das Nachmittagsprogramm, das von den Frauen und Männern des Betriebes, in ihrer Freizeit natürlich, sorgfältig vorbereitet worden war. Eigens für diesen Tag hatten die Männer aus der Kraftanlage und aus der Tischlerei ein paar Lieder einstudiert. Das fing an mit »Der Mai ist gekommen« bis zu »Wer hat dich, du schöner Wald...«

Heiner hatte sich das »Einheitsfrontlied« von Brecht gewünscht. Die Personalchefin war strikt dagegen, weil ja nun »nach so vielen politischen Jahren endlich mal etwas anderes, schöneres kommen müßte«. Sie einigten sich, daß der kleine Chor das Lied »Die Gedanken sind frei« singen sollte.

Hans schreckte aus seinem Mittagsschlaf hoch. Jemand rief mit poltriger Stimme: »Hallo, Kramers! Wie geht's euch denn? Alles noch gesund?«

»Du meine Jüte! Da laust mir ja der Affe!« rief Elisabeth und kam aus der Küche, während sie sich die Hände an der Schürze abtrocknete. »Kiek ick richtich? Der Hilpert! Hätten Sie die Winterhilfsbüchse bei, hätt ick doch jlatt mit ›Heil Hitler‹ jejrüßt!«

»Na, na, die Zeit ist ja nun wohl vergessen, Kramern.« Heinrich Hilpert setzte sich auf die Bank. »Eine Hitze ist das. Aber nach dem kalten Winter...«

Elisabeth ließ sich von Hilpert eine Zigarette geben. Es war eine deutsche, eine »Lulle«, sagte sie. »Wieso? War es denn in Sibirien ooch so kalt wie hier? Wie sind Sie denn so schnell zurück von da? Wir dachten, die Russen hätten alle Parteibonzen ins hinterste Sibirien jebracht.«

»Nun hören Sie bloß davon auf, Kramern«, murrte Hilpert, der etwas schlanker geworden war, ungehalten. »Wir wollen schließlich nicht ewig von den unglückseligen Zeiten reden, die mir ja doch den einzigen Sohn genommen haben.«

»Und Hans haben die det Been kaputtjeschossen.«

»So? Na, dann geht's ja noch. Die Russen?«

»Hab nicht gesehn, wer auf den Abzug gedrückt hat«, meldete Hans sich zum erstenmal.

»War ja selbst auch beim Russen«, sagte Hilpert.

Hans rappelte sich aus dem alten Liegestuhl und streckte sich gähnend. »Sie waren beim Russen in Gefangenschaft? Aber doch nicht in Rußland?«

»Sehe ich so blöde aus?« lachte Hilpert. »Richtige Gefangenschaft kann man das nicht nennen. Wir haben uns bei Cottbus überrollen lassen. Einfach die Arme hochgestreckt und: lieb Vaterland, du kannst mich mal! War doch Schuhmacher in unserer Kompanie, also mehr Schuster, muß man sagen. Hab ich ein bißchen von meinem Vater gelernt, der in Schlesien Schuhmacher war. Hatte Glück, daß ein russischer Offizier mich fragt, ob ich nicht für seine Einheit die Stiefel besohlen könnte. Ihr Schuster, der war gestorben oder gefallen, was weiß ich. Da sind wir dann immer so hin und her. Erst bis Königs Wusterhausen. Dann im Herbst fünfundvierzig in Richtung Halle. Und Hilpert hat ganz gemütlich die Iwan-Botten besohlt. Seit sechsundvierzig waren wir ständig in der Nähe von Rathenow. Da wurden mir die Schweißstiefel langsam lästig, aber ich bin in der Zeit ein richtiger Russe geworden, spreche fast perfekt russisch...«

Elisabeth rauchte, bis sie sich fast die Finger verbrannte, die davon auch schon ganz braun waren. »Na, wenn det Parteijenosse Schmidt noch erlebt hätte, Sie als Schuster beim Iwan.«

»Der hat den verdienten Heldentot gefunden. Ja, die russische Einheit ist zurück in die Heimat. Haben mich sozusagen auf die Straße gesetzt bei Nauen. Nee, schlecht ging's mir da wirklich nicht.«

»Ja, det sieht man Ihnen ooch an. Jibt eben Menschen, die fall'n vorne uff die Schnauze und komm hinten mit'm Arsch jleich wieder hoch.«

»Sind edle Charakter da unter den Russen und lustige Burschen. Ich weiß, unser Helmut hat die immer völlig verkannt. Kann man nun nicht mehr ändern das alles. Wo steckt denn Karl übrigens? Hörte, er fährt jetzt mit so 'nem Zossen für den Heringsbändiger?«

»Hat er bist jetzt, Hilpert, hat er.« Frau Kramer erzählte nicht ohne Stolz: »Nun ist er wieder in Düppel. Da hat een jewisser Erwin Becker – nee, den kenn Sie nich –, der hat da für die Amis ihre Pferde eene Klinik einjerichtet, nach hinten raus, wo die neuen Ställe sind. Und da arbeitet er jetzt wieder als Pferdepfleger, janz so wie früher, nur det die Jäule nich janz jesund sind. Da fühlt er sich am wohlsten, unser junger Vater.«

Hilpert sah fragend von Elisabeth zu ihrem Sohn. »Wieso denn junger Vater? Ihr habt doch nicht etwa... wo ihr schon die ganze Bude voll Gören habt?«

»Jör'n, sagt der dumme Kerl zu unsre Kinder! Ja, wir haben, Hilpert, wir haben! Steht drinne, der Bengel, weil's hier draußen für den zu bullich ist. Jeht schon munter uff sein drittet Jahr zu. Wenn Sie ihre janze Zeit nich für die falschen Brüder da verplempert hätten... Aber det ist ja euer Bier. Det dicke Ende kommt bestimmt ooch noch für Sie.«

Das überhörte Hilpert beflissen. »Und Otto? Ist der zu Hause?«

»Weiß ich nicht«, antwortete sie hochdeutsch. »Wir reden nicht mehr miteinander!«

»Wieder einmal?« lachte Hilpert und stand auf. »Dann will ich mal nach nebenan zu Grunds und die auch begrüßen.«

»Aber von uns jrüßen Sie jefällichst nich!«

Als der ehemalige SA-Truppenführer und Lauben-Blockwart Hilpert gegangen war, holte Hans Wasser aus der Küche und schrubbte seine Fingernägel mit der Bürste.

»Willste denn noch weg bei die Hitze?« fragte Elisabeth.

»Ja.«

»Und? Wo willste hin, wenn ick mal höflichst fragen darf?«

»Darfste nicht.«

»Na denn nich, liebe Tante! Kannste ja weiterhin den Beleidichten spiel'n.«

Sie wußte ja, warum ihr Ältester so kurz angebunden war. Hans war immer noch stocksauer. Als er am letzten Montag von der Arbeit kam, hatte seine Mutter ihm in einem Ton gesagt, als wäre es das Selbstverständlichste der Welt: »Ick habe deinen blauen Einsegnungsanzug einjetauscht! Da war heute Nachmittag eener von die UNRRA-Leute da, eener von die, wo Gerhard det Ami-Benzin verscherbelt hat. Und det erjab sich einfach so, det der sich für eenen dunklen Anzug interessiert hat. Da hab ick ihm deinen vermacht jejen Butter, Brot, ooch Wurscht und Zigaretten.«

»Du hast meinen Anzug einfach gegen Zigaretten… und ohne zu fragen?« Hans war fassungslos.

»Nun reg dir man wieder ab. Wozu soll ick dir fragen, wo schließlich wir dir den Anzug damals jekooft haben? Außerdem paßt der dir sowieso nich mehr richtig.«

»Aber dem UNRRA-Mann paßt der gut, was?« hatte Hans

gebrüllt. »Sehr gut paßte der mir noch! So'n prima Stoff. Das ist doch wirklich das Letzte!«

»So, det Letzte? Aber essen wollt ihr alle!« antwortete Elisabeth genau so heftig. »Ihr wißt jenau, det für die olle Reichsmark nischt zu haben ist, wenn's nich uff die Lebensmittelkarten steht. Und denn immer rummeckern, von wejen schon wieder keene Wurscht! Schon wieder keen Fleisch.«

Da hatte Hans es aufgegeben, weiter zu streiten.

Die Banke an der Krummen Lanke

»Mein Vater fing schon an zu fluchen, wenn er euch Bengels aus der Laubenkolonie nur von weitem sah«, erzählte Irma Hermann, als sie bei Hans stand, der im hinteren Teil von Hermanns Garten damit beschäftigt war, Wasser in eine zur Hälfte in den Boden eingelassene Tonne zu pumpen. Irma, blond, etwa einsfünfundsechzig groß und nur ein paar Monate jünger als Hans, trug an dem warmen Sommertag für die Gartenarbeit einen knappen einteiligen Badeanzug.

Hans, der mit nacktem Oberkörper aussah wie ein Spargelstengel, sah seine Freundin immer wieder bewundernd an. Ihre Figur erschien ihm eher zierlich, die bis über die Hälfte vom Stoff verdeckten Brüste klein und fest, der Hintern schmal. Er wußte, daß es diesmal mehr war als nur eine bloße Liebelei. »Mich hätte dein Vater, wenn er noch lebte, kaum zu den Obstdieben zählen können«, sagte er lachend, »denn hier in eurer Kleingartenkolonie waren wir eigentlich nie. Werden wohl andere gewesen sein.«

Kleingärten war nicht das richtige Wort für die zwischen der Stammbahn, dem Wannseebahnbogen und der Königsstraße gelegenen Parzellen, die im Unterschied zur »Kolonie Feierabend« nicht bewohnt waren. Hermanns Garten hatte gut und gerne seine fünfhundert Quadratmeter. »Schrebergärten« waren das hier, wie sie von dem Leipziger Arzt und Pädagogen Schreber als Mittel städtischer Freizeitbeschäftigung entwickelt worden waren.

Irma schleppte zwei gefüllte Gießkannen nach vorn zu ihrer Mutter, die das Wasser über die Gemüsebeete verteilte. Mit den leeren Kannen kam sie zurück. »Im Krieg war manchmal am Wochenende die halbe Verwandtschaft hier, sogar die aus Potsdam, aber nur, wenn es etwas zum Ernten gab. Dann standen und saßen sie uns ständig im Weg, wußten alles besser, lagen in unseren Liegestühlen herum und zogen abends mit vollen Taschen ab.«

»Zu uns brauchte deswegen keiner zu kommen«, sagte Hans. »Wir haben unser Obst und Gemüse selbst gebraucht.«

»Klar, bei einer so großen Familie. Da wird einiges weggeputzt. Wenn deine Mutter schon deinen besten Anzug gegen Lebensmittel eintauschen muß. Hast du eigentlich noch einen anderen?«

»Einen Anzug? Nee, du!« Hans pumpte schneller, obwohl er schon schwitzte. »Richtig gesehen, esse ich den Anzug jetzt selbst mit auf. So'n dunkelbraunen Sakko habe ich noch, den Meister Naube mir geschenkt hat. Der ist noch wie neu, war aber mehr für die Wege zur Arbeit gedacht und nicht fürs Tanzengehn.«

»Das ist ein ziemlich starkes Stück von deiner Mutter.« Irma stemmte die kleinen Fäuste in die Hüften, sah noch reizender aus. »Tauscht einfach deine Sachen, ohne dich zu fragen. Oder hättest du zugestimmt?«

»Ich, zugestimmt? Niemals!« Er hörte mit dem Pumpen auf, erfrischte das Gesicht mit kaltem Wasser, bespritzte Irma damit, die aufquietschend zurücksprang. Dann trank er einen Schluck. »Ha! Das schmeckt noch. Ich trink seit meiner Kindheit jeden Morgen vor dem Frühstück einen Becher Pumpenwasser. Ja, weißt du, das Anzugjackett hat zwar schon etwas gespannt unter den Armen, und die Ärmel... aber die Mängel hätte ich ja leicht ändern lassen können. Der Stoff war jedenfalls prima.«

»Das fand ich aber auch. Meine Freundin hatte zwei verschiedene Schuhe an, als wir Ende fünfundvierzig zum erstenmal in die Tanzschule in der Schrockstraße gingen«, lachte Irma. »Die hatten kaum Ähnlichkeit miteinander, aber in ihren abgetragenen Straßenschuhen wollte sie auf keinen Fall tanzen. Sie besaß keine besseren. Manche haben da zwar ein bißchen gegrinst, aber das war schon alles.«

»Noch zwei Kannen Wasser!« rief Irmas Mutter durch den Garten. »Und dann gibt's Kaffee! Muckefuck!«

Hans kannte Irmas Freundin. Beide Mädchen waren an jenem Abend im Tanzlokal. Die Geschichte begann nicht wie in dem Lied auf der berühmten »Banke an der Krummen Lanke«, sondern Mitte Mai im Lokal an der Krummen Lanke, als es am Wasser unten noch ein bißchen kühl war. Wie Irma später zugab, wollte sie gar nicht mit Hans, sondern mit seinem Cousin Alex tanzen, zu dem sie schon einige Male hinübergesehen hatte, um seine Aufmerksamkeit zu erregen. Dann steuerte Alex auch wirklich auf ihren Tisch los, gefolgt von Hans. Aber Alex beachtete sie kaum, sondern forderte ihre Freundin Hanni auf. Richtiggehend verdattert folgte Irma Hans auf die Tanzfläche. Der tanzte den Slow fox nicht annähernd so gut wie Alex, und beim Walzer kam er mit seinem behinderten Bein überhaupt nicht mit. Und dennoch, Irma und Hans verstanden sich auf Anhieb. Es dauerte nicht lange, bis Hans bei Irma und Hanni am Tisch saß. Die Clique löste sich auf. Einer ging plötzlich seine eigenen Wege. Allein begleitete Hans Irma am selben Abend nach Hause.

Als sie an der Laubenkolonie angekommen waren, begann für Hans der zusätzliche Weg, den er noch viele Male laufen sollte, der Weg zu Hermanns Wohnung, die in der Nähe der Zehlendorfer Süd-Schule war. Wie er unterwegs erfuhr, wohnte Irma hier seit 1945 mit ihrer Mutter in einer kleinen Einzimmerwohnung mit Küche, Toilette, aber ohne Bad. Vorher hatten sie in einer Wohnung der Deutschen Reichsbahn am Bahnhof Zehlendorf-West gewohnt. Ihr Vater war Werkmeister bei der Bahn, sein Arbeitsbereich der Güterbahnhof an der Anhaltiner Straße. 1945 wurde ein Nachbar aktiv und sorgte dafür, daß die Witwe Hermann und ihre Tochter die Dienstwohnung räumen mußten, in die dann ein Verwandter von besagtem Nachbarn einzog, der natürlich bei der Bahn war.

»Das war nun der Lohn«, erzählte Irma. »Rausschmiß dafür, daß mein Vater dreißig Jahre bei der Eisenbahn war. Und der war die Pünktlichkeit selbst. Du, der überschlug sich fast mit seiner Arbeit, bis es mit seiner Angina pectoris schlimmer wurde. Übrigens war sein Vater einer der ersten Eisenbahner draußen in Nikolassee.«

»Da wohnen eine Tante und ein Onkel von mir«, warf Hans ein, »direkt an der Rehwiese.«

»Da war ich weniger. Großvater und Großmutter wohnten in einem Bahnhaus, ganz versteckt zwischen den Bahngleisen, die sich da kreuzen.«

»Und deine Mutter?«

»Die stammt aus Schlesien, hatte noch sieben Geschwister, die bis auf einen Onkel alle noch leben, zum Teil drüben in der Zone. Trachenberg hieß die kleine Stadt. Da waren wir vor fünfundvierzig sehr oft.«

Endlich standen sie vor der Haustür. Es handelte sich nicht gerade um die oft gepriesene Maiennacht für Verliebte, voll milder Luft und betäubendem Blütenduft. Es wehte ein kalter Wind, und dann fing es auch noch an, richtig ekelhaft zu regnen. Da Irma ihren Schirm kürzlich in der S-Bahn liegengelassen hatte, konnten sie auch das Lied vom Verliebtsein unter einem Regenschirm nicht singen. In Null Komma nichts waren sie pitschenaß.

Da hatten sie nun den ganzen Weg lauter sachliches Zeug

gequatscht, hatten über ihre Familien und Bekannten geredet. Hans erzählte von seinen Versuchen, Gedichte zu schreiben, von seinen Erlebnissen in und nach dem Krieg und davon, daß er eines geklauten Benzinkanisters wegen zwei Monate im Untersuchungsgefängnis war. Sie sprach von den Büchern, die sie gelesen hatte und von ihrer Arbeit als technische Assistentin in der Geologischen Landesanstalt, die sich im Ostteil der Stadt befand. Jeder hatte dem anderen sein Leben hingeblättert, aber kein Wort von Liebe war gefallen.

Das war mit seinen Freunden und mit Rita, Gerda, Inge oder Elfriede immer ganz anders gewesen bisher. Da wurden unterwegs dauernd Späßchen getrieben, und sie alberten herum. Die Heimwege waren Geknutsche, Geküsse, Gefummel im munteren Wechsel der Personen. Wenn es sich ergab und wenn ihnen danach war, verschwand ein Paar auch mal zwischen den dichten Sträuchern an der Potsdamer Chaussee. Bei Hans hatte sich das allerdings nie ergeben, so daß er schon meinte, daß er sich bei den Mädchen, im Gegensatz zu den anderen, ganz schön doof anstellte.

Und jetzt stand er mit Irma im Regen auf den Steinstufen vor der Haustür. Da konnte er doch nicht einfach sagen: »War ein netter Abend, machs gut!« Ohne ein Wort zog er sie plötzlich heftig an sich und spürte ihren Körper durch die Feuchtigkeit der Kleider deutlicher als im Lokal beim Tanzen. Nicht sonderlich geschickt aber entschlossen, preßte er seinen Mund auf ihre Lippen und war völlig weg, als Irma seinen Kuß leidenschaftlich erwiderte. In diesem Moment wurde ihm klar: Dieses Mädchen läßt du nicht mehr los, die hältst du fest! Endlich stammelte er: »Du, wenn ich mal heirate, dann werde ich dich heiraten! Glaub mir.«

Sie sah ihn zweifelnd an. »Warum sagst du das? Wir kennen uns doch erst seit ein paar Stunden.«

»Egal. Ich meine, was ich sage.« Er drückte sie noch fester an sich. »Man sagt doch, Liebe auf den ersten Blick, oder?«

»Ja, das schon, aber du ...« Weiter kam sie nicht, denn jetzt, wo er alle Hemmungen überwunden hatte, jetzt hätte er sie ewig so umarmen können. Leider ließen Wind und Regen es nicht zu. Als Irma ihn sanft von sich schob, sagte sie: »Wir werden uns beide noch anständig erkälten bei dem Wetter.«

Bevor er sich verabschiedete, verabredeten sie sich für den nächsten Abend zum Kinobesuch.

Dem Volke »panem et circenses«, Brot und Spiele, zu bieten, bewährte sich schon bei den Römern. Und immer dann, wenn in der Geschichte der Völker das Brot fehlte, waren Spiele, wenn auch kein Ersatz, so doch eine willkommene Ablenkung. So war es auch im zerstörten Berlin. Im Januar 1946 gab es hier schon wieder 170 Kinos mit vollem Programm. Obenan standen erst einmal die schnell synchronisierten Filme aus Amerika oder England, auf die man lange Jahre verzichten mußte. Die zwischen 1933 und 1945 gedrehten deutschen Filme waren zensurpflichtig. Als dann aber ab 1946 immer mehr alte deutsche Filme freigegeben wurden, erlebten sie zum Teil größere Kassenerfolge als bei den Uraufführungen.

Der erste Film, den Irma Hermann und Hans Kramer gemeinsam im Zehlendorfer Lichtspieltheater ansahen, hieß »Ehe im Schatten«. Eine neue Produktion der »Defa-Film«. Es handelte sich um das Schicksal des Schauspielers Joachim Gottschalk, der mit Frau und Kind in den Tod ging, als er sich auf Geheiß der Nationalsozialisten von seiner »nichtarischen« Lebensgefährtin trennen sollte. Ein Film, der Irma und Hans ausreichend Diskussionsstoff für den Heimweg lieferte. Auch Defa-Filme wie »Die Mörder sind unter uns«,

»Liebe 47« oder »In jenen Tagen« fanden ihr großes Publikum, weil es da um Schicksale ging, die gestern noch seine eigenen waren.

Daß die »Defa« schon sehr früh derartige Filme produzieren konnte, lag unter anderem daran, daß sich das große Ufa-Gebäude im Ostsektor befand, die »Ufa-Stadt Babelsberg« und die Agfa-Fabrik in der Sowjetischen Zone lagen. Als die »Defa« in der Ostzone gegründet wurde, schlug man sich in den Westzonen noch mit den primitivsten, oft unlösbaren Problemen herum wie Stromzufuhr, Reiseschwierigkeiten oder Rohfilmbeschaffung. Da war an eigene Produktionen oder gar an eine neue Filmkultur nicht zu denken.

Im Osten aber war die Besatzungsmacht zwar weltanschaulich unbeugsam, vergab jedoch für bestimmte Bereiche, wie eben die Kultur, wesentliche Vollmachten und erhebliche Mittel. Und daß gute Regisseure wie Helmut Käutner, Wolfgang Staudte oder Wolfgang Liebeneiner sich sofort zur Mitarbeit bereit erklärten, war ganz klar. Zu lange schon hatten sie auf den Tag gewartet.

Hans Kramer bekam zur Zeit nicht allzuviel mit von den politischen Ereignissen. Er machte seine Arbeit in der Fabrik, abends und an den Wochenenden war er mit Irma zusammen. Neben ihren Kinobesuchen gingen sie auch weiterhin tanzen, waren aber immer seltener mit der alten Clique zusammen. Oft saßen sie bei Hermanns in der kleinen Wohnung, die vollgestopft war mit Möbeln. Gemütlich war es dennoch, besonders, als es draußen kälter wurde, als es nichts mehr zu tun gab im Garten hinten bei Düppel. Irmas Mutter war eine ruhige, manchmal etwas zu wortkarge Frau, die Hans lange ansah, wenn sie glaubte, daß er es nicht bemerkte. Hans mochte sie. Nicht, weil immer eine Kleinigkeit auf dem Tisch stand, wenn er vorbeikam, ein paar selbstgebackene Kekse, ein Stück Kuchen, eine Tasse Kaffee oder ein Butterbrot. Ihre ganze Art war es, besonders die stille Freundlichkeit, mit der er jedesmal begrüßt wurde.

Seit seiner Schulzeit war Hans eine Leseratte gewesen. Die meisten Bücher hatte er im Lazarett im Vogtland verschlungen. In Hessen und danach vernachlässigte er das Bücherlesen sehr stark. Jetzt wurde das wieder anders. In kürzester Zeit hatte er die zwölf Bände von Alexandre Dumas aus Irmas Bücherschrank ausgelesen und das, obwohl er zuerst überhaupt nicht zurechtkam mit den vielen französischen Namen. Anschließend konnte er sich mit Irma darüber unterhalten, denn Dumas war ihr Lieblingsautor. Die Bücher von Ludwig Ganghofer folgten. Beide waren sich darüber einig, daß ihnen »Der Ochsenkrieg« am meisten zusagte. Hans suchte jetzt oft die kleine Werksbücherei auf, lieh ein Buch nach dem anderen aus, gab die Bücher auch Irma zum Lesen.

An einem Sonntagnachmittag im November gingen sie beide zum Zehlendorfer Onkel-Tom-Friedhof und stellten Herbstastern auf das Grab von Irmas Vater. Danach zeigte Hans ihr die mit altem Efeu überwucherten Gräber seiner Düppeler Großeltern. Als sie sich dem Ausgang näherten, fragte er: »Weißt du, daß Hans Dominik, der die tollen Zukunftsromane geschrieben hat, auch auf dem Friedhof hier liegt? Seine Bücher habe ich mal richtig gefressen.«

»Ich hab von ihm nur ›Atomgewicht 500‹ gelesen«, sagte Irma. »Aber weil du gerade davon sprichst, hier ist auch das Grab von Erdmann Graeser. Kennst du den?« Und als Hans den Kopf schüttelte: »Den kennen heute nur noch wenige, dabei war das ein richtiger Berliner Schriftsteller. Kannst die Bücher von mir haben, ›Koblanks‹ und ›Koblanks Kinder‹, aber am besten gefällt mir sein Roman ›Lemkes selige Witwe‹. Spielt alles im Berlin der Gründerjahre.«

»Ja, prima, so was lese ich gerne. Und im Frühjahr, wenn es wieder wärmer wird, besuchen wir die Gräber mal. Liegt ja auch sonst viel Zehlendorfer Prominenz hier.«

Kurz vor Weihnachten sagte Elisabeth zu ihrem Ältesten: »Det hätt ick ja nie für möglich jehalten, det dir die Liebe mal so erwischt. Bist ja nur noch unterwegs mit ihr, und wennste mal hier bist, denn schmökerste stundenlang.«

Als Hans nicht darauf reagierte: »Ist ja allet schön und jut, aber wer macht die Stubben zu Brennholz, wo es so knapp Kohlen jibt? Euer Vater bestimmt nich, der schafft det nich mehr mit seine miese Jesundheit. Wenn Gerhard noch hier wäre, denn hätten wir damit keene Sorjen.«

»Morgen ist ja Sonnabend«, antwortete Hans kurz angebunden. »Da werd ich den ganzen Nachmittag Holz machen, und am Sonntag auch.«

»Jut.« Elisabeth stopfte Strümpfe. »Ick muß jetzt zu Weihnachten immer an den Jungen denken. Wo der wohl steckt. Jenau wie damals euer Onkel Robert, uff und davon. Und der Bengel schreibt nich mal. Robert hat ja wenigstens mal jeschrieben aus Spanien, damit wir wußten, det Franco ihn am Leben jelassen hat.«

»Weeßte doch, det Gerhard 'ne Abneigung jejen die Schreiberei hat«, meldete sich der zehnjährige Kurt, der am Stubentisch über seinen Schularbeiten saß.

»Du mach mal deinen Schulkram«, mahnte die Mutter. »Es langt, det eener aus unsre Familie kaum schreiben und rechnen kann.« Und wieder zu Hans: »Wann willste ihr denn mal mitbringen, deine neue Freundin, mein ick? Wird ja Zeit, det wir ihr mal kennenlernen.«

»Sie kennenlernen«, verbesserte Hans.

»Ach, ihre Mutter ooch jleich, meinste? Am zweeten

Weihnachtsfeiertag wär's janz jenehm. Da muß Vater nich in den Stall. Ick werde eenen Nappkuchen backen mit drei, vier Eier drin.«

»Och, der ist ville zu trocken!« rief Kurt. »Back lieber 'n Streusel, den hat Papa ooch lieber.«

»Ja, die Zutaten...«, überlegte Elisabeth. »Kriegt ihr denn vor Weihnachten noch mal een bißchen Wolle und Jarn im Betrieb? Ick meine, denn könnte ick noch wat eintauschen davon.«

»Bestimmt.« Hans vertiefte sich wieder in seinen Hans-Fallada-Roman.

Wenn Elisabeth Kramer nach Wolle und Garn fragte, dann meinte sie die Produkte, die, wie es hieß, zur Verbesserung der Lebenssituation von den Chemie-Faser-Werken an die Belegschaft verteilt wurden. Es gab eingefärbte Zellwolle, Näh- und Stopfgarne, die zur Zeit im Betrieb hergestellt wurden. Das waren Produkte, die sich gut eintauschen ließen. Und es gab auch ein tägliches Mittagessen im Betrieb. Dafür hatte Fräulein Jakob schon bald nach dem Wiederanlaufen gesorgt: »Jeder, der bei uns arbeitet, soll wenigstens einmal am Tag eine warme Mahlzeit bekommen!«

Und irgendwie hatten sie's immer geschafft. Manchmal waren sogar mehr Lebensmittel vorhanden, als von der Betriebsküche verwendet werden konnten. Einmal brachte Hans einen ganzen Packen Salzheringe mit nach Hause, ohne zu verraten, daß er schon einige zu Hermanns gebracht hatte.

»Mensch, Salzheringe!« hatte Elisabeth andächtig gerufen. »Kinder, det war früher mit det billigste Essen! Salzheringe, die hat die olle Fräsicken in ihrem Laden am Bahnhof Düppel immer aus so'n jroßet Faß jeangelt! Und heute sind se ne Seltenheit.«

Ihr seid ja dabeigewesen, oder?

Am 20. Juni 1948 wurde, wie es amtlich hieß, das Geldwesen in den drei westlichen Besatzungszonen durch die Währungsreform neu geordnet. Die Deutsche Mark löste die Reichsmark nicht nur ab, sie entwertete sie auch. Als Kopfquote erhielt jeder Bürger sechzig DM gegen sechzig RM eingetauscht, davon vierzig DM sofort und zwanzig DM erst nach zwei Monaten. Altgeldguthaben wurden im Verhältnis 10 : 1 umgestellt. Das hieß, wer viel Geld auf seinem Konto hatte, war auch weiterhin im Vorteil. Und wer sein Vermögen in Sachwerten angelegt hatte, der blieb vermögend. Die Bevölkerung verlor neunzig Prozent ihrer Spareinlagen. Rund fünfzehn Millionen Konten kleiner Sparer wurden gelöscht. Die Aktiengesellschaften büßten erst einmal knapp fünfzehn Prozent ein, hatten dann aber die Möglichkeit, ihr Aktienkapital im Verhältnis 1 : 1 umzuwerten.

Am 23. Juni erfolgte die Währungsreform für die sowjetische Besatzungszone. Grundsätzlich galt auch hier das Umtauschverhältnis von 10 : 1, bei einer Kopfquote von siebzig Mark. In Berlin aber gab es vorübergehend drei Währungen: die West-Mark, die Ost-Mark und die alte Reichsmark als Coupon-Mark. Es war ein verwirrendes Spiel. Vielen Leuten war klar, daß zwei Währungen in einer Stadt zwangsläufig die einheitliche Verwaltung aufheben mußten.

Die Familie Kramer brachte die 240 Reichsmark für die erste Kopfquote nicht zusammen. Karl ließ sich noch etwas altes Geld von einem Arbeitskollegen geben, der dann großzügig auf den Gegenwert verzichtete. Ähnlich mag es vielen anderen Menschen in der Stadt ergangen sein. Die meisten

Leute hielten das neue »West-Geld« erst einmal mißtrauisch fest. Wer damit überhastet etwas einkaufte, konnte leicht übervorteilt werden. So hatte Elisabeth Kramer ihren Sohn Kurt gleich zum UNRRA-Lager geschickt, wo er eine Pakkung Ami-Zigaretten besorgen sollte. Und Kurt gab viel zuviel von dem neuen Geld aus.

In West-Berlin füllten sich beinahe über Nacht die Schaufenster der Geschäfte, und alle glaubten, daß die Rationierung nunmehr für eine Reihe von Waren aufgehoben würde. Doch am selben Abend begann die Blockade West-Berlins, die bis zum 12. Mai 1949 dauern sollte.

»Die Russen haben uns vom Westen abjeschnitten! Jetzt werden die uns so lange in die Zange nehmen und hungern lassen, bis die sich janz Berlin bequem in die Tasche stecken können!« Klar, daß in sämtlichen Abteilungen der Fabrik nur noch über dieses Ereignis gesprochen wurde. Besonders der Schlosser Strahlau, ein ehemaliger Luftwaffen-Feldwebel, der drei Jahre lang in den USA als Kriegsgefangener gelebt hatte, war nach dem 24. Juni 1948 sehr bemüht, das Wort »Hungerblockade« in der Firma populär zu machen.

Natürlich war die große Mehrheit der Belegschaft empört über die Einstellung des Güterverkehrs und dachte genau so wie Elisabeth Kramer: »Da denkt man nun, det man sich für det jute Jeld endlich wat Anständiges koofen kann, und nun dreht die Bande uns den Hahn ab.«

Am Abend fuhr sie ihren Mann ungehalten an: »Wat jrüßt du Affe denn den ollen Laube noch, diesen unverbesserlichen Kommunisten? Der lacht sich doch heimlich eens ins Fäustchen, det es nun so jekommen is. Der kriegt's jlatt fertig und kooft nun allet, wat er braucht, drüben in Teltow in der Zone ein.«

»Können wir doch ooch machen, Mama!« rief Kurt. »Wenn's hier nischt jibt, jehn wa über den Kanal und koofen drüben ein.«

Seine Mutter stutzte. »Meinste, det jeht?« Dann aber sagte sie: »Nee, kommt nich in die Tüte! Erst machen die allet dichte, und nun soll'n wa die ooch noch det schöne Westjeld in Arsch stecken. Det kann Laube machen oder Molinsky, aber nich wir!«

Betriebsrat Wuttke war arg in die Klemme geraten. Hans kam gerade dazu, als Heiner sich, allerdings sehr unsicher, gegen ein paar seiner FDGB-Kollegen zur Wehr setzte. »Was heißt denn Hungerblockade, he? So ein Unsinn aber auch. Solche Begriffe bringen nur Aufwiegler wie Strahlau in Umlauf! Berlin ist immerhin 'ne Stadt mit Viermächte-Verwaltung und einem Stadtparlament.«

»Gerade darum kann man doch einen Teil der Stadt nicht einfach abriegeln, Heiner!«

»Wird wohl die Lage so erfordern«, antwortete Wuttke unglücklich. »Man kann ja auch nicht in einem Teil der Stadt neues Geld einführen.«

»Und die Ostmark? Ist det keen neuet Jeld?«

»Natürlich ist det neuet Jeld, du Schlauberger! War aber für die Sowjetische Zone gedacht, genauso wie das West-Geld für die drei Westzonen bestimmt war. Aber nun…«

»Nun pinkeln die uns ans Hosenbein!«

»Und schieben wieder mal alles auf uns Berliner ab! Nee, Heiner, ich muß mir stark überlegen, ob ich noch FDGB-Mitglied bleibe.«

»Gerade in Zukunft brauchen wir aber die starke Gewerkschaft«, gab Wuttke ihm zu verstehen. »Durch die Aufwertung ist das Geld doch nun viel mehr wert. Folglich werden die Unternehmer sehr schnell daran gehen, uns die Löhne und Gehälter zu kürzen.«

»Ja, lenke man immer schön ab, Betriebsrat! Wir reden hier von der Blockade und von der Luftbrücke, und du fängst an, von Lohnkürzungen rumzufaseln. Abwarten, sag ick, erst mal abwarten!«

Kurt Molinskys Vater stand vorn an seinem Gartentor und deutete mit seiner Lederhand nach Düppel hinüber, über das die Flugzeuge in kurzen Abständen hinwegflogen in Richtung Tempelhof. Andere kamen in gleicher Anzahl von da zurück. »Von meinem Tor hier, Jungs, sehe ich das ganz genau. Wenn die Maschinen vom Westen geflogen kommen, haben die ihre Schnauzen unten, weil sie nämlich nur so'n leichtes Milch- und Kartoffelpulver mitbringen, wovon man nachher nur Staub im Bauch hat. Wenn die aber Berlin verlassen, dann sind die Schnauzen oben, weil sie hinten volle Last haben. Sieht man von hier aus ganz deutlich.«

»Du spinnst dir manchmal ooch wat zurecht, Vater«, sagte sein Sohn trocken. »Erstens kann man die Flugzeuge nich nur von unserm Tor aus sehen. Zweetens kannst du schon lange nich mehr so jut kneisten, det du die überhaupt richtig siehst. Drittens liegt det mit die Schnauzen oben oder unten nur daran, det die Rosinenbomber eenmal landen und denn wieder starten. Von die Fliejerei verstehste nischt. Wat soll'n die hier aus West-Berlin schon rausholen? Kannste uns det mal verraten?«

»Material natürlich«, behauptete Molinsky. »Maschinen und Geräte von Siemens, AEG, Borsig und wie die alle heißen. Da wird so lange produziert, wie's nur geht. Ausverkauf, Jungs, totaler Ausverkauf. Die Amerikaner brauchen West-Berlin hauptsächlich als militärischen Stützpunkt und als

Ausgangsbasis für ihre Agenten. Industrie ist für die hier unwichtig, wird alles verlagert.«

»Wenn man Sie so hört, Herr Molinsky, könnte man meinen, Sie sind blind und taub«, sagte Hans Kramer erregt. »Wer hat denn im März den Kontrollrat verlassen und jede weitere Zusammenarbeit unmöglich gemacht? Und wer weigert sich, an den Sitzungen der Alliierten Kommandantur teilzunehmen? Immer nur die Russen, oder?«

»Die Russen! Was heißt, die Russen?« rief Molinsky unwillig. »Die Russen sind nur ein Volk der Sowjetunion. Da gibt's nämlich...«

»Keen Schulvortrag, Vater!« bremste sein Sohn ihn ab.

Alex Grund sagte: »Und wer hat jetzt wieder das Stadthaus gestürmt, den Magistrat gesprengt und die Sitzung unmöglich gemacht? Die Kommunisten, Herr Molinsky! Wir hören ja auch, was los ist.« Er ging zu Molinskys Obstbäumen und holte sich einen großen Apfel.

»Stadthaus gestürmt und die Sitzung gesprengt!« schimpfte Molinsky. »Ihr seid ja dabeigewesen, oder? Habt alles selbst gesehen? Vom RIAS habt ihr das gehört und meint nun, das stimmt auch alles so? Und du laß gefälligst meine Äpfel hängen, Alex! Die sind noch nicht reif, und außerdem sind's Vitamine für den Winter.«

»Vitamine?« grinste Alex. »Die kriegen Sie doch von Ihren Genossen drüben.«

»Also det jeht nun doch zu weit, Leute!« mischte Kurt sich ein. »Wir wollen uns ja schließlich unterhalten und nich beleidijen! Anmotzen laß ick meinen Vater nich, klar? Wie sagt schon Baffke zu Buffke? Een Fünkchen Wahrheit ist bei jede Scheißhausparole!«

»Ist ja schon jut, Kutte«, sagte Alex versöhnlich. »Deine beiden Typen da haben sicher recht.«

»Ist ja keener einjeschnappt«, sagte Kurt. »Aber mal ehrlich und Hand uffs Herz. Wat Teltow betrifft, wer jeht da jetzt nich allet rüber und kooft Lebensmittel? Nich nur wir alleene.«

»Ist ja auch rechtens so«, stimmte Molinsky zu. »Immerhin hat die Sowjetunion hunderttausend Tonnen Weizen und andere Nahrungsgüter zur Versorgung ganz Berlins zur Verfügung gestellt. Hungern braucht also keiner, und die dicken Brummer da am Himmel sind völlig überflüssig.«

»Komm, Hans«, sagte Alex. »Das war nun wieder ganz Ostradio und Ostpropaganda! Kutte, wir sehn uns am Sonnabend.«

Molinsky sah zu den in der Sonne blitzenden Flugzeugen hinüber. »Eigentlich ist das eine gute militärische Übung, meinste nicht auch, Kurt?«

»Wat ick meine oder nich meine, det ist dir doch schnuppe«, brummte Kurt. »Mal hören, ob's nich een bißchen jute Musik jibt!« Er ging nach hinten, pfiff »Little Brown Jug« an und sang dann zu der Melodie: »Det ist schön, det ist schön, keen Arsch ruht uff eenem Been...«

Später schrieb Lucius D. Clay, der Organisator der Luftbrücke, in seinem Buch »Entscheidung in Deutschland« auf Seite 426: »Wir sammelten für militärische und zivile Zwecke unschätzbare Erfahrungen im Einsatz von Lufttransportmitteln. Die Kosten der Luftbrücke sind sehr wohl durch ihren Beitrag zur nationalen Verteidigung zu rechtfertigen.«

Wer sind hier die Spalter?

Am 1. August 1948 war Schluß mit der Produktion in den Chemie-Faser-Werken. Von den Arbeitern und Angestellten wußte niemand so recht, warum das Werk die Arbeit so schnell einstellte. Vielen im Betrieb war bekannt, daß die Rohstoffe, wie Zellulose, Schwefelkohlenstoff, Laugen, und was sie sonst noch zur Herstellung von Zellwolle und Kunstseide brauchten, noch für vier Monate, also für eine Produktion bis zum Jahresende, vorhanden waren. Auch der große Kohlenplatz unter dem mächtigen Stahlgerippe der Bleichertbahn war noch lange nicht leer.

Während Strahlau, der sich im Betrieb als der führende Mann der Unabhängigen Gewerkschaftsopposition, die am 14. August gegründet worden war, betrachtete, nur noch von der »Totalblockade« West-Berlins sprach, war Heiner Wuttke der Ansicht, daß sich die verantwortlichen Leute nur etwas mehr zu bemühen brauchten, um auch weiterhin ausreichend Kohle für die Kraftanlage des Betriebes zu bekommen. Er bot Direktor Recke an, selbst tätig zu werden, um den Betrieb noch möglichst lange aufrechtzuerhalten. Doch Recke sagte zu ihm: »Mein lieber Herr Wuttke, als ob wir beide an den Dingen, die hier in der Stadt laufen, auch nur das geringste ändern könnten...«

Die meisten Betriebsangehörigen gingen nun stempeln. Hans Kramer arbeitete noch bis zum 1. Oktober 1948 in der Autowerkstatt. Dann führte auch sein Weg zum Arbeitsamt, das seinen Sitz in den alten, für Zehlendorf längst historisch gewordenen Gebäuden der ehemaligen Laehrschen Nervenheilanstalt hatte.

Am 6. September 1948 spaltete sich die Berliner Stadtverordnetenversammlung endgültig. Die Westberliner Stadtverordneten hatten das Stadthaus im Ostsektor verlassen. Eine Teilung Berlins war kaum noch aufzuhalten.

Hans bekam jetzt Arbeitslosengeld. Er hatte wieder mehr Zeit und war noch öfter mit seiner Freundin Irma zusammen. Wenn sie von ihrer Arbeitsstelle in der Innenstadt kam, erwartete er sie oft am S-Bahnhof Zehlendorf-Mitte. Auf dem Heimweg erzählte er ihr, was im Betrieb geschah: »Da war wieder was los heute bei der Versammlung. Ich glaube, da fehlte nicht einer. Aber weder Recke noch Wuttke konnten uns was Positives sagen. Und dann ging's auch weniger um den Betrieb, sondern immer nur um die Gewerkschaft.«

»Das soll überall so sein«, meinte Irma. »Ich glaube, daß die UGO den FDGB hier in West-Berlin ablösen wird.«

»Es sieht ganz so aus.«

Der Speiseraum war gerammelt voll. Die Frauen und Männer hatten viel Zeit mitgebracht. Als der Direktor nach seinen knappen negativen Ausführungen mit der Personalchefin gegangen war, herrschte bald eine unerträgliche Stimmung in der Belegschaft. Wuttke und Strahlau führten sich wie zwei Kampfhähne auf. Heiner war der Ältere, der Besonnene, Ruhigere. Der Schlosser Strahlau war weit jünger. Er reagierte heftiger, hatte aber die besseren Argumente zur Hand. Die Belegschaft war mit achtzig Prozent sehr gut organisiert. Fraglich war nur, wie viele davon wirklich überzeugte Mitglieder waren, wie viele überhaupt wußten, was die Aufgaben einer demokratischen Gewerkschaft waren, nachdem es ja für sie über viele Jahre hinweg nur die Scheinorganisation der Nationalsozialisten gegeben hatte.

Doch daß so viele organisiert waren, wirkte sich natürlich

auf die Mitwirkung und Mitbestimmung des Betriebsrates bei allen Plänen und Maßnahmen der Betriebsleitung positiv aus. Nicht ganz geschickt rief Heiner Wuttke der versammelten Belegschaft jetzt zu: »Glaubt mir nur, Kolleginnen und Kollegen, diese UGO ist als Antigewerkschaft von den Westmächten gegründet worden, um uns FDGB-Kollegen, die wir seit 1945 wesentlich am Wiederaufbau der Berliner Industrie und auch am Aufbau unserer Fabrik beteiligt waren, kaputtzumachen! Jawoll, das ist...«

»Nachdem ihr erst die völlige Demontage zugelassen habt!« kam ein Zwischenruf.

»Die Spaltung sollte doch schon mit der von einigen Sozialdemokraten gegründeten Deutschen Angestellten-Gewerkschaft erreicht werden«, fuhr Wuttke fort. »Ist aber in die Hose gegangen! Und genauso wird es mit dieser UGO gehen, wenn wir...«

»Aufhören! Russenfreund! Aufhören!«

»Buuuhhh!« Pfiffe. Johlen. Lachen an den Tischen. »Macht Schluß mit der Blockade! Raus mit dem FDGB!«

Dazwischen Beifall und zustimmendes Geschrei der FDGB-Anhänger und Verwunderung bei den vielen, die mit der ganzen Sache überhaupt nichts anzufangen wußten. Hans saß zwischen Meister Naube und Willi Bohnewitz, der laut gähnte und sagte: »Was ein Scheißdreck! Ich geh gleich zum Essen.«

Nun lief Strahlau die drei Stufen zur Bühne hoch und rief mit überschlagender Stimme: »Weißt du denn nicht, Kollege Wuttke, was der Aufruf der UGO für einen großen Erfolg in Berlin hatte, he? Zweihunderttausend ehemalige FDGB-Mitglieder sind bereits zu uns übergetreten, weil nämlich...«

»Noch habe ich das Wort, Kollege Strahlau«, blieb Heiner äußerlich ruhig. Es war ihm aber deutlich anzusehen, daß ihn das Verhalten vieler Frauen und Männer, die er seit Jahren kannte, traurig stimmte. Seine Stimme wurde leiser, die Worte kamen langsamer: »Wenn die UGO-Spitze natürlich anordnet, daß den Direktiven der Zentrale des FDGB nicht mehr Folge geleistet werden darf, wenn die anordnen, daß die Gewerkschaftsbeiträge nicht mehr an uns, sondern auf das Konto der UGO einzuzahlen sind, dann, liebe Kolleginnen und Kollegen, dann führt man euch nicht nur hinters Licht, dann verstößt die UGO auch gegen den Befehl Nr. 1 der Alliierten Kommandantur, der ja doch alle von der sowjetischen Besatzung von Groß-Berlin erlassenen Anordnungen und Einrichtungen anerkennt, und... das erinnert mich persönlich an 1933, als nämlich auch...«

Nun begann der Tumult erst richtig. Einige sprangen auf die Bänke und riefen etwas, andere wieder versuchten Ruhe herzustellen, und die Mehrheit betrachtete das alles als ein spannendes Theater. Wuttke sah, wie Strahlau, ohne dafür das Wort erhalten zu haben, wieder zum Mikrofon griff. Da erklärte er die Versammlung für beendet.

Das hielt Strahlau nicht davon ab, die Versammlung sofort wieder zu eröffnen. Er erklärte, daß der FDGB hier nicht mehr die Belegschaftsinteressen vertreten dürfe. Er wiederholte die Entschließung der UGO-Leitung, in der beantragt wurde, dem FDGB-Groß-Berlin das Recht abzuerkennen, als Tarifpartner zu wirken. Das ging aber unter im allgemeinen Stimmengewirr und im Gepolter der gerückten Bänke und Stühle. Unmutig verließen die meisten den Saal, waren sie doch gekommen, um zu erfahren, wie es mit ihren Arbeitsplätzen aussah.

Ende Oktober 1948 waren in den drei westlichen Sektoren Berlins viereinhalbtausend Betriebe mit fast fünfunddreißigtausend Beschäftigten stillgelegt worden, und neuntausend Betriebe machten Kurzarbeit. Im Ostsektor standen einhundertdreiundvierzig Betriebe mit ungefähr tausend Beschäftigten still, zweihundertvierundsechzig Betriebe machten Kurzarbeit.

Du genierst dich doch nicht etwa?

Die Tage ohne Arbeit waren für Hans stinklangweilig, besonders an diesem tristen, regnerischen Freitagnachmittag. Bei dem Wetter hatte er keine Lust, im Garten die abgeernteten Beete umzugraben oder Holz zu hacken. So saß er in der Stube am Fenster und las in einem Buch. Seine Mutter war einkaufen, der Kleinste war mit Kurt nebenan bei Grunds. Als ihm die Augen immer häufiger zufielen, sah er auf die Uhr. Es war zwar noch etwas früh, um Irma von der S-Bahn abzuholen, aber es war ja auch ein ganzes Stück Weg bis zum Bahnhof, und dann mit seinem Bein...

Irma kam pünktlich. Unter einem Regenschirm, jeder nur zur Hälfte geschützt, liefen sie die Machnower Straße hinauf. Hans war sowieso naß. Sie unterhielten sich über allerlei Nebensächlichkeiten und achteten auf die vielen Pfützen. Der Schrockstraße mit dem typischen Kopfsteinpflaster der Jahrhundertwende und den durch die Wurzeln der alten Bäume angehobenen Bürgersteigen folgte die Claszeile. Hinter der Gastwirtschaft, in der Hans' Vater vor 1933 einmal von SA-Männern verprügelt worden war, der hochaufragende, mit hohen Fenstern versehene Backsteinbau des Behring-Krankenhauses, ursprünglich um 1896 vom »Verein für die Erziehung sittlich verwahrloster Kinder in Berlin« als »Erziehungsheim am Urban« erbaut. An Irmas täglichem Weg lag auch das »Sandmeyer-Sanatorium«, in dem der Schauspieler und Komiker Wilhelm Bendow, den die humorlosen Nazis 1944 noch in ein Arbeitslager gesteckt hatten, seine letzten Tage verbrachte. Und schließlich die Süd-Schule, die bei Hans Erinnerungen an seine Schulzeit hervorrief.

Von Irmas Mutter lag ein Zettel auf dem Küchentisch: »Bin zum Wäscherollen! Bin um sieben zurück!«

»Bei dem Mistwetter ist ihr auch nichts Besseres eingefallen«, sagte Hans. Er zog seine Jacke vorsichtig aus und hängte sie zum Trocknen über eine Stuhllehne in der Küche. »Ich hole sie nachher ab!«

»Ist noch 'ne Weile hin.« Irma war nebenan im Wohn- und Schlafzimmer. »Zieh deine nasse Hose auch aus. Du genierst dich doch nicht etwa?«

»Ach, woher denn«, brummte er. Trotzdem, er wußte im Moment nicht, ob seine Unterhose ganz in Ordnung war. Aber weil es draußen zusehends dunkler wurde und Irma nur eine Lampe eingeschaltet hatte, sah er die Sache als nicht so bedenklich an.

»Kannst die Hose hier an den warmen Ofen hängen!«

»So naß ist die gar nicht«, wollte Hans antworten, doch als er in das Zimmer kam, stockte ihm der Atem. Irma hatte den zwischen den beiden Betten stehenden Schrank geöffnet und kramte im unteren Teil des Wäschefachs herum. Dazu mußte sie sich tief hinabbeugen. Was Hans die Kehle trocken werden ließ, das war der Anblick den sie bot. Im Schein der Lampe sah er ihren knapp sitzenden weißen Slip, der sich straff über die festen hinteren Rundungen spannte. »Wolltest du was sagen?« Sie richtete sich auf und drehte sich zu ihm um.

Hans blickte gebannt auf ihre bloßen Brüste, die voll und rund waren, deren untere Linie im sanften Schwung bis zu den Spitzen aufstieg. Die Hose, die er zum Trocknen an den Kachelofen hängen wollte, blieb irgendwo liegen, als er mit drei, vier Schritten bei Irma war.

Was sollte er schon groß sagen, fragen, denken, als er sie heftig an sich zog, seinen Mund verlangend auf ihre Lippen drückte und zugleich ihre warmen Arme um seinen Hals spürte? Nur einmal sagte Irma: »Moment!« Das war, als sie die Steppdecke auf ihrem Bett zur Seite schob, bevor sie sich darauf fallen ließen.

Sie wußte besser Bescheid als er und lenkte den ungeschickt Suchenden. Für Hans war dieses erste Mal ganz unwirklich. Er konnte erst ein wenig klarer denken, als Irma seufzte: »Du, paß aber auf.« Beide verhielten sie da mit jeder Bewegung, um ihren ersten intimen Liebeskontakt zu genießen.

Als er sich schließlich aufrichtete, war es dunkel im Zimmer. Sie hatten überhaupt nicht bemerkt, daß die Lampe ausgegangen war. »Mist!« rief Irma. »Ausgerechnet jetzt ist Stromsperre. Auf der Kommode neben der Tür steht eine Kerze.«

Hans konnte gerade noch die Umrisse der Möbel erkennen, als er da herumtastete. Er fand auch die Streichhölzer. Und als er dann mit dem Kerzenhalter und der brennenden Kerze in der Hand mitten im Zimmer stand, gab er eine ziemlich komische Figur ab, so im Unterhemd, das ihm gerade bis kurz unter den Bauchnabel reichte. Er streifte sein Oberhemd über den Kopf. Als er in seine Unterhose gestiegen war und nach der Hose griff, klapperten die Schlüssel an der Wohnungstür. Irmas Mutter kam mit der Wäsche zurück. »Stromsperre!« rief sie etwas außer Atem. »Gerade hatte ich die ersten Stücke in der Rolle. Irma, wo bist du denn?«

Hans wußte, daß er schnell etwas tun mußte, aber was? Frau Hermanns Frage beantworten? Das Bett ordnen? In seine Hose steigen? Er machte alles oder er versuchte es zumindest. Er stieg in die Hose, zog sie hoch. »Irma ist auf dem Klo!« Hoffentlich geht sie erst in die Küche. Die Hose rutschte wieder, als er die Steppdecke über das zerwühlte Bett ziehen wollte. Und da stand Irmas Mutter auch schon in der

Zimmertür. Hans zog die Hose erneut hoch und kommentierte seine Handlung: »Wir sind von oben bis unten naß geworden im Regen.«

Wenn sie doch bloß nicht immer diesen prüfenden und doch wissenden Blick gehabt hätte. Die brennende Röte in seinem Gesicht konnte sie beim schwachen Kerzenlicht nicht sehen. Sie sagte: »Der Regen hat etwas nachgelassen«, und ging in die Küche.

An dem Abend verlief die Unterhaltung recht gezwungen. Die Spannung löste sich erst, als Hans sich von Irma draußen vor der Haustür verabschiedete. »Ob sie was gemerkt hat?« fragte er sie.

»Natürlich hat sie, du Dummkopf.« Irma verzog die Mundwinkel. »Bei dem Schaden, den du angerichtet hast.« Da fielen sie sich in die Arme und lachten schallend los.

Ein Jahr der Ablösungen

Im März 1949 war für Hans Kramer die Arbeitslosigkeit beendet. In der Autowerkstatt konnte er allerdings noch nicht arbeiten. Wenn es etwas zum Fahren gab, erledigte Willi Bohnewitz das, der ja im Betrieb eine Wohnung hatte. Der Stillstand der Produktion wurde von den Handwerkern ausgenutzt, um die meist alten Maschinen zu überholen oder auch, um einige neue Anlagen zu montieren. Sonst herrschte überall Friedhofsruhe.

Diese Ruhe auf dem weitläufigen Werksgelände war Anlaß, den sogenannten Werkschutz zu verstärken. Hans bewachte jetzt die Kläranlage im Dreischichtenrhythmus. Er hatte zwölf Stunden Dienst, danach vierundzwanzig Stunden frei. Die Kläranlage lag uneingezäunt außerhalb des Betriebes nach Schönow zu. Und weil auf dem ausgedehnten Gelände, aus Gründen, die Hans nie klar wurden, viel Material herumlag oder stand, wie Kupferkabelrollen, bleiverkleidete Schieber für Säureleitungen und Elektromotoren verschiedener Größen, fanden sich auch Diebe ein, die keine Mühe scheuten, um besonders die begehrten Buntmetalle abzutransportieren. Allerdings war den Wachmännern nahegelegt worden, keine direkte Konfrontation zu den Dieben zu suchen. Sie sollten die Pförtnerei benachrichtigen, die sich dann mit der Polizei in Verbindung setzte. Was sollte ein Gehbehinderter wie Hans Kramer auch gegen Metalldiebe ausrichten?

Die Kläranlage, in der die Abwässer des Betriebes in den Rühr- und Absatzbecken einigermaßen gereinigt wurden, bevor sie in den Teltow-Kanal gelangten, war mit hohen Sträuchern bewachsen, die das Gelände besonders unübersichtlich machten. Der Wachdienst hier war die stumpfste und eintönigste Tätigkeit, die Hans sich überhaupt vorstellen konnte. Einmal, als es nicht nur regnete, sondern regelrecht schüttete, stellte Hans sich auf einer Anhöhe, die im Laufe der Jahre aus den Ablagerungen der Schlammbecken entstanden war, in einen hochkant stehenden Eisenkasten. Der Regen war kaum vorüber, als der Werkschutzleiter Hesse, von der Belegschaft später auch »Nick Knatterton« genannt, auf seinem Rad angefahren kam. »Nanu, Herr Kramer, was sehe ich denn? Sie sind ja vollkommen trocken. Waren Sie denn in der letzten Stunde nicht im Gelände?«

»Selbstverständlich nicht, Herr Hesse«, grinste Hans. »Da oben in der Blechkiste stand ich. Von da aus kann man weit sehen. Außerdem ist das hier mein einziger Mantel. Soll ich mir den etwa versauen bei dem Wetter?«

»Ich kümmere mich ja schon um Regenkleidung«, brummte Hesse, ein ehemaliger Flak-Offizier, stieg auf sein Rad und radelte zur Fabrik zurück.

Nachts zählte Hans bei den Kontrollgängen seine Schritte und konnte bald ausrechnen, wieviel Zeit nach tausend Schritten vergangen waren. Morgens wartete er, vor Kälte zitternd, auf die hinter Lichterfelde aufgehende Sonne, nachmittags sah er sie hinter Klein-Machnow verschwinden. Er zählte die amerikanischen Luftbrücken-Flugzeuge und dachte an den blödsinnigen Vers, den eine Berlinerin an eine Tageszeitung geschickt und den diese kürzlich veröffentlicht hatte. Der schmalzige Spruch wollte ihm nicht aus dem Sinn gehen. Seine Mutter fand ihn allerdings sehr schön und treffend:

Rosinenbomber im Engelsgewand,
du rettest Berlin und deutsches Land!

Das war wirklich zum Kotzen. Da oben versorgten sie West-Berlin. Wenn Hans sich aber bei seinen Runden der in-

Der umfangreiche alte Werkteil der 1904 als »Elberfelder Papierfabrik« gegründeten Zehlendorfer »Spinne« mit den weithin sichtbaren drei Schornsteinen wurde 1978 abgerissen. Geblieben sind die in den siebziger Jahren entstandenen Neuanlagen.

1956 in der Laubenkolonie. Drei Brüder, gerüstet und verkleidet für eine zünftige Herrenpartie am Vatertag.

standgesetzten Schönower Brücke näherte, dann sah er die Leute, und viele davon kannte er, die mit Einkaufstaschen in die Sowjet-Zone nach Teltow hinüber zum Einkaufen gingen. Und der Kollege Max Grabus, Mitglied des neuen UGO-Betriebsrates, war immer mit dabei. »Maxe ist wie 'ne Wetterfahne«, sagten seine Nachbarn in der Werkssiedlung. »Im ›Dritten Reich‹ war er Blockwart, verteilte Lebensmittelkarten und sammelte für die Winterhilfe. Nach fünfundvierzig redete er den Kommunisten das Wort und trat für den FDGB ein. Jetzt ist er im UGO-Betriebsrat und lobt dessen Aktivitäten. Aber einmal in der Woche rennt Maxe nach Teltow hinüber, um Brot und Fleisch einzukaufen, wo es doch heißt, daß die Menschen da selber am Hungertuch nagen sollen.«

Die Beteiligung an der vorgezogenen Betriebsratswahl vor ein paar Wochen war nur mager gewesen. Die meisten von den Nichtwählern meinten: »Wenn wir nicht arbeiten dürfen, brauchen wir auch keinen Betriebsrat.« Dann gab es viele, die mochten Heiner Wuttke zwar, aber seine politische Einstellung nicht. Andere sagten: »Unsere Zukunft kann nur aus dem Westen kommen. Da sind nicht nur die Amerikaner und Briten, sondern auch die CDU und SPD als die stärksten demokratischen Parteien.« So wählten sie die UGO und Strahlau.

Heiner Wuttke bekam noch genug Stimmen, um in dem neuen neunköpfigen Betriebsrat vertreten zu sein. Als Strahlau aber in der konstituierenden Sitzung zum Vorsitzenden gewählt wurde, erklärte Wuttke seinen Rücktritt. »Ich gehe, Kolleginnen und Kollegen. Aber ich gehe mit erhobenem Kopf, denn wir haben uns nichts vorzuwerfen. Ich bin auch zu alt, um weiterzukämpfen; habe zu viele Jahre kämpfen müssen für eine... will mal sagen, friedlichere und gerechtere Zukunft der Arbeiterklasse. Meine Hoffnung ist, daß einiges davon bei euch hängengeblieben ist. Abtreten muß jeder mal. Ich wünsche euch eine erfolgreiche Weiterarbeit.«

Der neue Vorsitzende kam um den Tisch herum, reichte Heiner die Hand, klopfte ihm mit der anderen kameradschaftlich auf die Schulter. »Wir haben zu danken, Kollege Wuttke, nur wir! Dein Name und deine Arbeit werden hier immer im Zusammenhang mit dem ersten Wiederaufbau des Betriebes genannt werden, wenn nun auch durch die sowjetische Hungerblockade... Aber lassen wir das heute mal. Ich sehe schon, wie Kollege Grabus die Augen verdreht. Also, lieber Kollege Wuttke, mach's gut, und wir wünschen dir einen angenehmen Ruhestand.«

Noch waren die Bäume und Sträucher ohne Grün. Hans wartete darauf, daß der Frühling endlich den Winter ablöste. War nicht überall eine große Ablösung im Gange? Die Gesamtberliner Stadtverordnetenversammlung war abgelöst von einem Ost-Magistrat und einem West-Senat. Ernst Reuter war Oberbürgermeister, aber er war es nur für West-Berlin. Die UGO hatte den FDGB weitgehend abgelöst und Strahlau Wuttke. Eine Freie Universität sollte in Dahlem entstehen neben der Humboldt-Universität in Ost-Berlin. In der Stadt hatten Notstandsarbeiter die Trümmerfrauen abgelöst und waren dabei, die frühere Kronprinzen-Allee zweispurig auszubauen. Eine breite Betonstraße ging weit in den Grunewald hinein als Zufahrt für die US-Panzer zu ihrem Übungsgelände.

Die »Entnazifizierten« lösten die Nazis ab, ohne daß sich ihre Gesinnung dadurch auch nur im geringsten ändern mußte. Manch einer von denen, die bei Hitler mitgeholfen hatten, Lager zur »Umerziehung Andersdenkender« einzurichten, brauchte jetzt nur den Spruchkammer-Bescheid, um nicht mehr das zu sein, was er einmal war.

Hans sollte fünfundzwanzig Mark für die Entnazifizierung bezahlen. Nach einem genehmigten Ermäßigungsantrag brauchte er schließlich nur zehn Mark an die Stadtkasse zu schicken. Ex-SA-Mann und Parteigenosse Heinrich Hilpert fluchte laut und offen, weil er nicht zur Gruppe der »Entlasteten«, sondern zu den »Mitläufern« gehörte, was er ja auch unbestritten war.

»Wie soll man denn da Demokrat werden, wenn die Brüder einen direkt dazu zwingen, an das Unrecht zu glauben, he? Da hatten die Behörden bei Hitler aber mehr Verständnis für so arme Teufel wie unsereinen!« Aber Hilpert hatte es dann auch schwarz auf weiß, daß er entnazifiziert war – der »arme Teufel«!

An einem Morgen Ende März, als Hans am Teltow-Kanal auf dem alten Treidelweg stand und gelangweilt Steinchen ins Wasser warf, gingen ihm ein paar Zeilen durch den Kopf, die er den ganzen Vormittag während seiner Runden um die Kläranlage vor sich hinsprach:

Ich hab das erste Grün entdeckt
kaum sichtbar noch unten am Bach,
ein Sonnenstrahl hat's aufgeweckt.
Zwischen dürren Zweigen noch versteckt
als zarte Knospe jung und schwach
wird hier der neue Frühling wach.

Das Gedicht animierte ihn dazu, am Nachmittag die Gedichte von früher wieder hervorzukramen. Er fing an, sie zu bearbeiten, umzuschreiben, und viele Zeilen ließ er so wie sie waren. Er überlegte, ob er nicht mal eine Geschichte schreiben sollte. Geschichten konnte er schon immer gut erzählen. Und wenn er mit der Rechtschreibung nicht ganz klarkam – es gab ja Nachschlagewerke.

Ein paar Tage später, nach dem 12. Mai 1949, schrieb er dann keine Geschichte, sondern einen Bericht, den er »Neue Hoffnung« nannte. Der 12. Mai war der Tag, an dem die Blockade West-Berlins aufgehoben wurde. Hans schrieb, wie die Menschen ähnlich wie im Sommer 1945 über Düppel hinaus bis an die Potsdamer Chaussee, ja bis zum Zehlendorfer »Kleeblatt«, dem Autobahnkreuz, liefen, um die ersten aus den Westzonen kommenden Lastwagenkolonnen zu begrüßen. Er schrieb voller Begeisterung und – verlegte den Text dann irgendwo.

Zögernd hatten die Chemie-Faser-Werke wieder angefangen, Zellwolle und Kunstseide zu produzieren. Es war schwer, den Vorsprung, den die Industrie in West-Deutschland inzwischen hatte, einzuholen. Für Hans war der eintönige Wachtdienst zu Ende. Hanne König, der Meister der Kraftanlage, hatte ihn angefordert. Dort sollte ein neuer Heizkessel aufgebaut werden. Die vorhandenen Kessel waren total überaltert.

Vierzehn Tage später rief Meister König Hans kurz vor Feierabend in sein kleines Büro, das sich in einem verglasten Verschlag in der Turbinenhalle befand. Oberingenieur Westerland war ebenfalls anwesend. Der hatte eine Flasche Bier in der Hand und sagte erst einmal gar nichts.

»Willste 'ne Pulle Bier, Junge?« fing Meister König das Gespräch an. Und als Hans dankte: »Ejal, ick jedenfalls trinke eene. Den janzen Tach den Staub hier schlucken, det macht Durscht! Also die Sache ist die: Wir haben dir so beobachtet, hier der Westerland und ick, wie du da uff det Jerüst am Kessel rummachst, und meinen, det ist nischt für dein kaputtes Been, verstehste? Jut. Aber du bist ja technisch keen Blödmann nich. Und da meinen wir, det du den Ernst Galle im Maschinenhaus zwei ablösen könntest. Der hat's doch schlimm mit'm Herz, weeßte doch. Dabei ist der noch keene sechzig. Jestern noch sag ick zu ihm...«

»Sie sollen ab morgen früh für einige Zeit rüber in das Maschinenhaus, Kramer«, kam Oberingenieur Westerland jetzt ohne Umschweife zur Sache. »Der Herr Herlitz kann Sie da einweisen. Sind ja alles nur einfache Kolbenmaschinen da drüben.«

»Ja, det wär's denn«, beendete Meister König die kurze Unterhaltung. Hans war dabei gar nicht zu Wort gekommen.

So wurde er Maschinist und mußte wieder Schichtarbeit verrichten. Das hatte aber den Vorteil, daß er neben dem Handwerkerlohn noch einige Zulagen bekam.

Am Freitag sollte er im Maschinenhaus angelernt werden. Freitag aber war Putztag. Da wurde nicht nur der rötliche Fliesenboden gewienert, bis man sich darin spiegeln konnte, da mußten auch die beiden gewaltigen Linde-Eismaschinen und die Kompressoren geputzt werden, bis die Messingteile nur so blitzten. Folglich lernte Hans an dem Tag vom Kollegen Herlitz das Putzen.

Gegen Ende der Schicht sagte Herlitz: »Ab morjen biste denn alleene. Die Anleitung für die Maschinen findeste da in der Tischschublade. Steht allet jenau drin. Und ansonsten haste ja gesehn, wat ick so alle Stunde ablesen und uffschreiben muß. Aber jeputzt wird nur Freitags in der Frühschicht, ist det klar?«

Die Anleitung umfaßte fünf Schreibmaschinenseiten und stammte aus dem Jahr 1939. Hans las sie durch und verstand nur wenig. Die Funktion der Kompressoren wurde ihm erst klar, als er sich jeden einzelnen genau angesehen hatte. Er hütete sich, den Meister in der Kraftanlage anzurufen und Fragen zu stellen, denn die Antwort wußte er im voraus: »Da drüben kenn ick mir nich so aus! Da mußte dir schon merken, wat Herlitz dir jezeigt hat!«

Wegen der günstigen Entwicklung – Ende der Blockade, Arbeit, langsame Normalisierung des Lebens – beschlossen Hans und Irma im Juni 1949 zu heiraten. Sie bestellten das Aufgebot im Zehlendorfer Standesamt. Das war in einem der schönsten Zehlendorfer Häuser an der Dorfaue untergebracht. Diese prächtige Villa mit der Kuppel auf dem Dach wurde 1892 für eine Sidonie Scharfe auf dem Grundstück des ehemaligen Lehnschulzengutes gebaut.

Die Beschaffung einer Wohnung war besonders schwierig, geradezu unmöglich! Wo sollten die Wohnungen auch herkommen? Der Nachholbedarf war überall gewaltig. Während der Blockade gab es kaum Baumaterial. So beschränkte sich die Bautätigkeit in dieser Zeit überwiegend auf Instandsetzung und Wiederbewohnbarmachung zerbombter und beschädigter Häuser. Zu viele Menschen wohnten noch in Notunterkünften. In den beschlagnahmten Zehlendorfer und Dahlemer Villen, die vor 1945 irgendwelchen Nazigrößen gehörten, waren oft vier, fünf Familien untergebracht, oder es wohnten Offiziere der US-Armee darin. Auch Leerzimmer waren äußerst knapp.

Doch war das beileibe kein Problem für Elisabeth Kramer, schließlich kannte sie, wie man so sagt »Hinz und Kunz«. Im Lebensmittelgeschäft in der Berlepschstraße erzählte sie den Verkäuferinnen lautstark, daß ihr Sohn im Juni heiraten wolle und daß das junge Ehepaar ja schließlich eine Bleibe brauche. »In den Verschlag, wo er jetzt drinnen schläft, da kann er nich rin mit seine Frau! Da hat er nich mal een Spinde drin, und die Betten stehn übereinander!«

Und siehe da, sie hatte den Laden kaum verlassen, als sie von einer Frau Goldan angesprochen wurde, die in der Machnower Straße ein großes Zimmer für vierzig Mark vermieten wollte. Es war ein schönes Zimmer mit zwei breiten Fenstern zur Straße hinaus, mit Küchen- und Badbenutzung. Goldans hatten vier große Zimmer und noch einen kleineren Raum mit einem schmalen Fenster. In dem kleinen Zimmer wohnte das Ehepaar, das für die ganze Wohnung hundertdreißig Mark zahlte. Die vier anderen Zimmer vermieteten sie für jeweils vierzig Mark. So blieb ihnen sogar noch ein kleiner monatlicher Gewinn.

Eine bescheidene, aber fröhliche Hochzeit

Nachdem die Wohnungsfrage gelöst war, ging es um die Möblierung. Auch das stellte sich als nicht sonderlich schwierig heraus. Noch einmal lieh Karl Kramer von Herings-Schuster Pferd und Wagen. Damit fuhr er den langen Weg bis nach Nikolassee und holte ein gut erhaltenes Schlafzimmer ab, das Hermanns schon vor Jahren auf dem Dachboden bei einer Großtante abgestellt hatten. Hier fanden sie auch drei Stühle, einen runden Tisch und eine Kommode. Kramer und seine Söhne verstauten alles sehr sorgfältig auf dem Wagen. Karl nahm bei der Rückfahrt mit dem Pferdewagen diverse Umwege in Kauf, nur um die vielen Zehlendorfer Kopfsteinpflasterstraßen zu vermeiden. Die Möbel sollten ja heil ankommen. Schon lange hatte Frau Hermann Bettwäsche für die Aussteuer ihrer Tochter zur Seite gelegt. Die Aussteuerversicherung, die Irmas Vater vor dem Krieg abgeschlossen hatte, war mit der Währungsreform so gut wie wertlos geworden. Hans konnte sein Hab und Gut auf einem kleinen Handwagen bequem verladen, als er die Laubenkolonie verließ, um Ehemann zu werden. Ein Persilkarton enthielt seine Bücher. In einem alten Koffer waren neben seiner Unterwäsche und fünf Oberhemden noch zwei Hosen, zwei Krawatten, seine Sonntagsschuhe und die Socken, von Elisabeth vorher sorgfältig gestopft. Auch die zwanzig Taschentücher hatte sie ihm auf ihrer alten »Singer« selbst genäht. »Janz ohne wat sollste ooch nich aus'm Haus jehn!«

Dann war da noch sein bestes Stück: ein langer, aus einer hellbraunen Pferdedecke gefertigter Wintermantel. Alles andere trug er am Körper. Als letztes Gepäckstück stellte er einen Holzkasten mit einem schweren Vorhängeschloß auf den Handwagen. Der Kasten enthielt das, was er seine Schätze nannte. An erster Stelle die Papiere, Urkunden, Zeugnisse und so weiter. Dann seine Gedichte und seine ersten Prosaversuche sowie ein Haufen technischer Zeichnungen, seine »Erfindungen«. Ein paar Schachteln Ami-Zigaretten, die aber jetzt als Tauschobjekt nicht mehr zu gebrauchen waren, und das Geld, das er gespart hatte. Den Kasten hatte er in seiner Kammer immer sorgfältig verschlossen gehalten, weil er meinte, irgend etwas müßte ihm ganz alleine gehören. Er hatte sich da auch nicht von seiner Mutter breitschlagen lassen, die mehr als einmal in seine »jeheimnisvolle Kiste« hineinschauen wollte. Was er zurückließ, das war sein Schuppen mit dem ganzen Tüftelkram. Kurt hatte kein Interesse daran, also würde Hans mal vorbeikommen, um da aufzuräumen.

Als alles verladen war, nickte Elisabeth zufrieden und sagte: »Für'n Anfang sieht det doch janz vernünftig aus. Hättest mal sehn soll'n, wie Meiers Lore neulich von zu Hause weg ist. Die hatte nur ihr Federbett unterm Arm und det Zeuch, wat sie jrade uff'n Arsch hatte. Aber nun jibt's ja ooch wieder Sachen zu koofen, wenn man det nötije Jeld hat.«

Hans zog mit seinem Handwagen über die hölzerne Buschgrabenbrücke der Machnower Straße entgegen und pfiff falsch, aber um so lauter: »In der Nacht ist der Mensch nicht gern alleine...« Voller Zuversicht blickte er in die Zukunft.

Wer aus der Verwandtschaft sollte zur Hochzeit eingeladen werden? Frau Hermann, Irma und Hans saßen in der Claszeile am Küchentisch und überlegten. Kramers, das war klar. Wenn sie den Jüngsten mitrechneten, dann waren das allein schon fünf Personen. Irmas einziger direkter Verwandter väterlicherseits, Onkel Emil, und seine Frau Marie, die am

Bahnhof Nikolassee ein kleines Elektrogeschäft hatten. Die beiden Tanten aus der Ostzone und Tante Minna aus Potsdam natürlich, die es ihnen noch jahrelang übelnehmen würde, hätte man sie übersehen. Das wären dann zehn Leute. Mutter Hermann und das Brautpaar dazu, dreizehn! Wo aber haben schon mal dreizehn Personen an einem Hochzeitsessen teilgenommen? Hans wollte seinen Cousin Alex, Irma eine ihrer Freundinnen dazu laden. Hans konnte sich denken, daß die ganze Familie Grund mit einer Einladung rechnete, und Irma hatte mehrere Freundinnen. Eine verfahrene Situation. Da kam ein Telegramm. Eine der Tanten war krank und mußte absagen. Aufatmen, denn noch mehr Leute hätten in Hermanns einzigem Zimmer kaum Platz gefunden.

Trauzeugen sollten die beiden »gestandenen Männer« Onkel Emil und Vater Kramer sein, entschied Irma kurz und bündig. Karl wollte zwei Kaninchen schlachten. Reichte das? Gut, noch ein Stück Rinderbraten dazu. Wer sollte kochen? Tante Minna hielt sich für eine erstklassige Köchin, hatte aber bisher bei ähnlichen Festen alles durcheinandergebracht. Trotzdem, es war besser, Tante Minna an dem Tag in der Küche zu haben, als vielleicht an der Seite von Elisabeth, wo die Tante doch immer sehr großen Wert auf eine gepflegte Aussprache legte. Hans sollte zur kirchlichen Trauung einen Frack tragen. Also nichts wie hin zum Frack-Verleih! Das Brautkleid nähte eine Nachbarin.

Wenn sie auch aus Platzmangel nicht tanzen konnten, eine Hochzeit ohne Musik war unmöglich. Rundfunksender haben die dumme Angewohnheit, immer, wenn man Musik hören möchte, ein endloses Gequatsche oder Nachrichten zu bringen. Irmas Freundin Hanni konnte ein richtig schönes Grammophon zum Aufziehen besorgen und auch die Schallplatten dafür. Wieder mußte der Handwagen für den Transport herhalten. Hans holte das Grammophon aus einem Haus in Zehlendorf-West. Ein schwerer, aufklappbarer Holzkasten, der sicher mal bessere Zeiten gesehen hatte. Später beim Aufziehen schnarrte das Laufwerk so laut, daß Onkel Emil auflachte: »Das ist ja 'ne tolle Kiste! Die Kurbel macht schönere Geräusche als die Schallplatten! Das Aufziehen übernehme ich!«

Am Polterabend schafften es die Nachbarn, die Freunde und Kollegen, mit dem Porzellan die bronzene Briefschlitzklappe an Hermanns Wohnungstür zu zerteppern. Am nächsten Vormittag stellte sich heraus, daß Elisabeth vergessen hatte, das weiße Frackhemd aus der Wäscherei abzuholen, und dabei war das wirklich das einzige gewesen, was sie im Zusammenhang mit der Hochzeit erledigen sollte und wollte. So fuhr das Brautpaar auf dem Rückweg vom Standesamt erst an der Wäscherei vorbei und holte das Hemd ab. »Na weißte«, sagte Irma, »wenn man sich schon mal auf deine Mutter verläßt! Was wäre denn gewesen, wenn wir zwischen dem Standesamt und der Kirche nicht noch genügend Zeit gehabt hätten?«

»Dann hätte ich das Hemd wahrscheinlich während der Fahrt im Auto anziehen müssen«, lachte Hans. »Du glaubst nicht, was meine Mutter mir vorhin gesagt hat. Das käme alles nur davon, daß wir so vornehm heiraten müßten.«

»Ach, so ein Quatsch! Man heiratet doch normalerweise nur einmal im Leben, oder?«

In der Zehlendorfer Pauluskirche konnte der Pfarrer nun zwei seiner Konfirmanden trauen. Ein Jahr später und nach weiteren sechs Jahren sollte er auch die beiden Kinder des Paares taufen. Willi Bohnewitz wartete mit dem hellgrünen Mercedes der Firma vor der Kirche. Auf der Heimfahrt, als Hans Willi zum Mittagessen einladen wollte, bohrte die Braut ihm den Ellbogen in die Rippen und flüsterte: »Denk an die Dreizehn.«

Darum stotterte Hans nun verlegen: »Ja, weißte, Willi, es ist alles ziemlich eng bei uns mit den vielen Leuten. Besser, du nimmst Kuchen mit, auch für deine Frau.«

Wenn Mutter Hermann Tante Minna in der Küche nicht auf die Finger gesehen hätte, wären die knusprig gebratenen Kaninchen pünktlich auf den Tisch gekommen, aber die Kartoffeln nicht, weil die Tante die Gasflamme unter dem Topf nicht angezündet hatte. Das trug aber nur zur allgemeinen Stimmung bei, besonders, weil Vater Kramer schon vor dem Essen ein paar Runden von dem Klaren eingeschenkt hatte. Onkel Emils Frau zeigte sich nur etwas pikiert, als ihr Mann gegen Abend seinen Arm um Elisabeth legte, um mit ihr so richtig schön um die Wette zu berlinern: »Wo haste bloß so jut berlinern jelernt, Meechen, wennste doch aus Pommern bist? Det ist ja echter als allet, wat meine beeden Jesellen so von sich jeben.«

»Det willste wohl jerne wissen, wa?« Elisabeth schüttelte den Kopf. »Aber det verrat ick dir nich, det ist mein Jeheimnis.«

»Na, könn wa nich beede zusamm een Jeheimnis haben? Det wär doch richtich schön, meinste nich ooch?«

»Ich meine, det een Jeheimnis, was zwee kennen, keen Jeheimnis mehr ist. Und wenn wa schon een Jeheimnis zusammen haben, denn muß sich det ooch lohnen, verstehste?«

»Ja, det versteh ick jut. Da werd ick mir wat einfallen lassen.«

»Aber wat janz Schönet.«

Immer noch an die mageren Jahre gewohnt, hatte Kurt sich regelrecht überfressen, denn zwischendurch hatte Tante Minna ihm in der Küche noch ein paar Leckerbissen extra zugesteckt. Ihm war so übel, daß Tante Minna ihn an die frische Luft schickte. »Gehe mal einmal um den Häuserblock, mein Junge, dann wirst du dich gleich besser fühlen.«

»Hier ist ja keen Häuserblock«, sagte Kurt kleinlaut, »nur eene stilljelegte Järtnerei, und ehe ich da rum bin...«

Im Zimmer schunkelten sie und sangen: »Kornblumenblau...«

Und es war fast Mitternacht, als Onkel Emil aus der Toilette kam und plötzlich rief: »Wißt ihr, wat wir vergessen haben? Eben uff'n Klo, als ick det Wasser ziehe, fällt's mir ein. Wir haben ja total verjessen, det schöne Lied zu singen: Wir winden dir den Jungfernkranz!«

»Als ob det da noch wat zu winden jibt«, sagte Elisabeth. »Ich jloobe ja, unsere beeden hier, die haben schon janz schön jewunden! Aber wat hat der olle Jöthe schon zu Friedrich Ebert jesacht? Prüfe, wer sich ewich bindet oder so ähnlich.«

Karl, Mutter Hermann und ihre Schwester aus der Ostzone saßen gemütlich in einer Ecke am Ofen und unterhielten sich leise. Karl stand nur auf, wenn ein Glas leer war. Er verstand sich ausgezeichnet mit der Schwiegermutter seines Sohnes.

In ihrer Hochzeitsnacht mußten Irma und Hans gute zwanzig Minuten zu Fuß laufen, bis sie endlich vor dem Haus an der Machnower Straße standen. Lange Fußwege waren ja nichts Unbekanntes für die beiden. Heute hörten sie nicht auf die fernen Fahrgeräusche der S-Bahn, die in der ganzen Stadt von Ost-Berlin aus betrieben wurde und die die Westberliner zur Zeit boykottierten.

»Sieh mal«, lachte Irma, »meine Mutter war inzwischen hier gewesen.« Das Doppelbett war zum Schlafen vorbereitet. Beide Zudecken waren zurückgeschlagen, und einladend lagen links ein neues Nachthemd und rechts ein neuer Schlafanzug.

Ist mein Jesichte nicht Beweis genug?

Der Sonntag im Juni des Jahres 1952 erinnerte sehr an den Tag Mitte der dreißiger Jahre, als die Familie Kramer, Irene im Kinderwagen, auf dem Weg zum Zehlendorfer Schützenhaus war, als es die Wohnlaubenkolonie zwischen der Stammbahn und Klein-Machnow nur auf den Zeichnungen der Stadtplaner gab. Heute schob Hans einen Peddigrohrkinderwagen über die lange Andréezeile. Noch immer gab es in der Kolonie den losen Sandboden. Manchmal mußte Irma mit anfassen, damit sie den Wagen mit dem fest schlummernden Joachim wieder flott bekamen.

Die früher einmal leicht gebauten Wohnlauben hatten nun ihre Jahre auf dem Rücken. Ihnen war anzusehen, daß Farbe und Dachpappe viele Jahre lang sehr rar waren. Doch die hochgewachsenen dichten Hecken und die Obstbäume mit den weitausladenden Ästen verdeckten vieles. Den kleinen Lebensmittelladen links auf dem Platz gab es nicht mehr. Die Besitzerin, Frau Pfefferkraut, hatte wieder geheiratet. Einen Busfahrer mit dem Namen Wagerecht. Der Name war ja auch ganz nett. Überhaupt war vieles anders geworden seit 1949, als Hans von hier weggezogen war. Vertraute Gesichter waren verschwunden und dafür neue aufgetaucht. Der immer so akkurat gepflegte Garten des pensionierten Oberlehrers Herwansky machte jetzt den Eindruck eines Kartoffelackers, denn »Professor Jauche« lag nun unter seinem letzten Erdhügel und unter den von ihm so geliebten Blumen. Dagegen sah der früher mächtig verunkrautete Garten der Witwe Kunze jetzt aus wie eine Gärtnerei für Rosenstöcke.

Sie trafen bei Kramers niemanden an. Hans wollte nebenan

bei Onkel Otto und Tante Wanja nachfragen. Der Durchgang im Zaun war aber versperrt, fest verschlossen mit Holzlatten und Bindedraht. Das bedeutete, die beiden Schwägerinnen lagen sich wieder einmal in den Haaren, sie sprachen nicht miteinander, sie waren »bis in alle Ewigkeit« verfeindet. Diese Ewigkeit konnte manchmal zwei bis drei Monate dauern. Und wehe, die jeweiligen Familienmitglieder links und rechts des Gartenzauns schlossen sich den Streitigkeiten nicht bedingungslos an, die zum Beispiel darin bestehen konnten, daß eine der Schwägerinnen in der Nachbarschaft Schlechtigkeiten über die andere verbreitete. Wenn die Nachbarschaft das aber falsch interpretiert weitergab, dann konnte es passieren, daß beide Schwägerinnen plötzlich vereint wie ein Herz und eine Seele dagegen angingen.

Irma und Hans schoben den Kinderwagen wieder aus der Laubenkolonie hinaus. »Ich kann mir denken, wo die sind«, sagte Hans. »In Düppel oben, in Willis Schirzkes ›Reiterhütte‹. Da stecken sie oft in letzter Zeit, auch sonntags, bevor Vater zum Füttern in den Stall geht.«

»Du willst doch jetzt nicht etwa nach Düppel?« rief Irma nicht gerade erfreut von dem Gedanken. »Da geh mal alleine hin. Ich fahre mit dem Kleinen wieder zurück.«

»Ooch, komm doch mit! Ist doch gar nicht so weit. Wollte mir Willis Kneipe sowieso mal ansehn. Und in Düppel war ich lange nicht mehr.«

Irma ließ sich nicht überreden. »Geh nur und grüß schön. Komm aber nicht so spät, hörst du?«

So überquerte Hans das eine verbliebene Gleis der Stammbahn allein und näherte sich Düppel. Überall hatte die Zeit ihre Merkmale hinterlassen. Links fehlte der Wald. Da war jetzt dürres Grasland. Auch die Reihe der knorrigen Maulbeerbäume hinter den Hausäckern gab es nicht mehr. Uralt waren diese Bäume gewesen, solange Hans sie kannte. Jetzt sah alles kahl aus. Die vier Insthäuser mit ihren Ställen waren dem Westwind schutzlos preisgegeben. Dafür gab es nun oben an den Bohlen, kurz vor dem Königsweg, »Willi's Reiterhütte«. Das war ein flacher Holzbau, der einer Baracke aus Fertigbauteilen gleichkam. Davor vier Tische, Stühle und ein paar Gäste, die in der Nachmittagssonne Bier oder Kaffee tranken. Das erste, was Hans ins Auge fiel, als er das Lokal betrat, war die chromblitzende Theke, auf die Willi Schirzke im Moment beide Hände stützte, so, als wolle er sie festhalten. Er sah gar nicht aus wie der Inhaber oder gar wie ein Wirt, was wohl daran lag, daß er so klein war, besonders vor dem erdrückend wirkenden Regal, das wieder mit den bekannten Schnaps- und Likörmarken früherer Zeiten gefüllt war. Neben Willi die blanke Säule mit den beiden Zapfhähnen, über die der ehemalige Jockei kaum hinwegsehen konnte.

Er erkannte Hans sofort. »Prima, Junge, daß du auch mal in mein Lokal kommst, wo dein Vater doch hier so jut wie zu Hause ist!« Ganz den emsigen Schankwirt spielend, füllte er zwei Biergläser, wartete, strich die Schaumkrone von den Gläsern und füllte nach. »Nee, bleib man hier! Die erste Runde schmeißt hier der Wirt!«

»Erst mal Vatern und Muttern 'n Tag sagen.« Hans nahm sein Bier. »Bis gleich, Willi!« Sein Vater, der Stallmeister Mielke und – Hans glaubte seinen Augen nicht – Alfred Gutschke, der frühere Düppeler SA-Mann und Soldat der Stahnsdorfer Eliteeinheit »Feldherrnhalle«, spielten an einem Tisch in der Ecke Skat. Elisabeth und Kurt kiebitzten. Hans gab allen die Hand und bemerkte, als Gutschke aufsah, die tiefe rötliche Narbe über der völlig schiefstehenden Nase und dem noch mehr verschobenen Mund.

Nach der Skatrunde legten sie die Karten beiseite. Ohne

An den Sonntagen im Mai 1957 wanderten und fuhren die Berliner – auch ohne Auto – hinaus zu »Mutter Grün«. Ein gut besuchtes Gartenlokal am Griebnitzsee.

Nach dem 13. August 1961 waren nicht nur die Bewohner der im Hintergrund erkennbaren Laubenkolonie »Feierabend« abgeschnitten von allen Straßen nach Kleinmachnow oder in den benachbarten Machnower Busch. Bald schon versperrten Stacheldrahtzäune jeden Weg.

danach gefragt zu werden, deutete Gutschke auf sein Gesicht. Es klang richtig stolz: »Oberkieferschuß! Vor Allenstein in Ostpreußen noch, beim Sturmangriff! Komm, setz dich doch.«

Hans blieb stehen. »Wie denn, da habt ihr noch Sturmangriffe gemacht? Da ging's doch nur noch wie der Teufel retour, wenn da überhaupt noch was ging.«

»Alfred war noch Offizier bei der Feldherrnhalle«, sagte Elisabeth. »Det hat er uns vorhin erzählt, det er doch immer vorneweg mußte, wenn se anjejriffen haben.«

»Und wie wir Feldherrns noch anjejriffen haben!« nickte Gutschke. »Immer voran für Führer, Volk und Vaterland und für die ostpreußische Erde, mein Lieber. Immer ran an die rote Bande! Und wer dankt eenen det heute, wat? Keene Sau.«

»War zu der Zeit auch in Ostpreußen«, erklärte Hans. »Hab da keine deutschen Sturmangriffe mehr gesehen.«

Gutschkes verschobener Mund zuckte erregt. »Bei den Pimpfen hinten warste, wie? Panzergräben ausheben. Wir Offiziere jedenfalls, wir waren...«

Hans unterbrach ihn respektlos: »Ja, ja, aber das mit den Offizieren, die immer voranstürmten, das hab ich ganz anders in Erinnerung. Mich schickte mal ein Unteroffizier von der Front, ach was, war ein Straßengraben im Wald bei Insterburg, übrigens auch Ostpreußen, der schickte mich in einer Nacht zurück ins Dorf zum Gefechtsstand. Bei uns vorn war nämlich nicht ein einziger Offizier zu finden. Waren alle hinten. Und als ich da ankam mit meiner Meldung, wo fand ich die Helden? Im Keller unter einem Bauernhaus lagen die Herren im Stroh. In der Mitte hatten die ein Brett mit Hindenburglichtern und Schnapsflaschen. Rumgestritten haben die sich, wer denn nun dran wäre, nach vorn zu gehen. Jeder hatte was, einer wunde Füße und der andere wahrscheinlich 'nen Streifschuß am Arsch, was weiß ich. Der Rang spielte da gar keine Rolle mehr. Alles setzte sich nur noch ab. So war das zu der Zeit, und da erzählt der Gutschke hier, wie er vorneweg gestürmt ist bei Allenstein.«

»Vor Allenstein, du Rotzneese!« rief Gutschke mit gerötetem Gesicht. »Ist mein Jesichte nicht Beweis genug?«

»Wer hat nicht irgendwo was abgekriegt?« winkte Hans gelassen ab. »Mir haben die das Knie weggeschossen. War Zufall, weil ich gerade da stand, wo die Granate einschlug. Ich hab weder was gestürmt noch verteidigt. In der Nacht hatte ich nicht mal ein Gewehr dabei. Na und? Mann, Alfred Gutschke, hör auf mit dem Heldenscheiß! Die Helden und Stürmer sind alle gefallen, verstehste! Soldat spielen und Kriege vorbereiten, das ist vorbei in Deutschland! Ich kann nur hoffen, daß bei uns nie wieder solche Generalfatzkes mit so großen Schnauzen rumrennen werden. Vorigen Monat in Hamburg, hundertfünfzigtausend Menschen haben gegen eine Remilitarisierung demonstriert. Das kann keiner überhören, oder?«

»So einer bist du also!« empörte Gutschke sich. »Ich glaube...«

»Ich glaube, du hast beim letzten Aufstand in Warschau beim Materialverschieben 'ne verirrte Kugel abgekriegt«, grinste Hans noch unverschämter.

Jetzt explodierte Gutschke beinahe. »Da soll doch gleich mal der...« Er wollte vom Stuhl hoch, aber Mielke drückte ihn zurück. »Du bist jetzt mit dem Geben dran. Wir müssen in zwanzig Minuten rüber in den Stall.«

Gutschke schnaufte und seine Blicke bohrten sich Hans auf dem Weg zur Theke in den Rücken. »Nur wegen solche Leute wie du haben wir den Krieg verloren!«

Hans sah sich um. »Ein Glück auch! Wenn wir den gewonnen hätten und dann mit den vielen Gutschkes, das wäre was geworden!«

»Euer Sohn ist ein übler Nestbeschmutzer«, wandte Gutschke sich nunmehr an Kramers. »Scheint ja voll hinter den Sozis zu stehen, die sich wieder mal an die Macht mogeln.«

Kramer und Mielke erhoben sich. »Willi, zahlen!« Dann sagte Mielke zu Gutschke: »Weißte was, du Arschloch, wir haben's mal mit dir versucht. Das war aber das erste und das letzte Mal. Besser, du bleibst weg von Düppel.«

Karl drehte sich demonstrativ zu seinem Arbeitskollegen um: »Mit dem alten Gutschke konnte man früher drüben bei Paul Tressin in der Hofwirtschaft schon kein anständiges Spiel machen, ohne daß der dabei dauernd Lobeshymnen auf diesen Sohn und dessen großen Führer anstimmte. Wir hätten uns nicht mit dem an einen Tisch setzen sollen.«

»Kommste mit uns mit?« fragte Elisabeth Hans.

Der winkte ab. »Nee, nee, trinke noch 'n Bier mit Willi.«

Während die beiden Männer zu den Pferdeställen hinübergingen, um ihre Nachmittagsarbeit aufzunehmen, und Elisabeth kurz hinter Alfred Gutschke »Willi's Reiterhütte« verließ, stand Hans bei Schirzke an der Theke. Er trank das spendierte Bier. In Düppel wurde bereits gemunkelt, daß Willi seine so lang ersehnte Rolle als »Kneipjeh« nicht mehr lange durchhalten könne, weil er zu freizügig umging mit den Getränken, die ihm von der Brauerei im voraus geliefert wurden. Ihm gehörte hier nichts weiter als die Idee, eine Wirtschaft als Ersatz für das ehemalige Lokal im alten Gutshaus aufzumachen. Willi war nicht etwa selbst sein bester Gast. Im Gegenteil, er selbst trank wenig. Aber er fühlte sich nun endlich mal ganz oben als der Wirt, dem es zustand, großzügig zu sein. Und darum bekam Hans gleich noch eine »Molle mit einem doppelstöckigen Korn«.

»Sollst nicht sagen, Willi Schirzke ist geizig, Junge! Also, Prost denn! War det erste Mal hier bei mir, der Gutschke. Der hat eijentlich in Düppel nichts mehr verloren, wo die Olle nun tot ist. Wohnen da doch längst andere drin. Aber rauswerfen kannste den alten Nazi auch nicht einfach als Gastwirt, verstehste? Und wenn dein Vater und Mielke mit dem Skat spielen, ist det nicht meine Sache, oder?«

»Schon gut, Willi. Brauchst dich doch nicht zu entschuldigen«, winkte Hans ab. Er sah sich jetzt erst einmal richtig um in dem nicht allzu großen Raum. »Meinste denn, daß du mit dem Laden hier zurechtkommst? Sieht ja alles recht solide aus, aber bringt das auch was ein?«

»Aber ja doch! Wat denkst du denn?« Willi schenkte ihm schon das nächste Bier ein. »Erst mal kommen die Amis gerne vom Hof rüber und bringen oft ooch ihre Miezen mit. Dann sonntags die Spaziergänger. Haste ja heute gesehn. Trinken Kaffee und essen ooch mal 'n Stück Kuchen. Willste 'ne Boulette?« Und als Hans nickte: »Mit Mostrich? Jut. Und denn kiek mal, wenn det hier in Düppel erst mal richtig losgeht mit die Hochschule für die Veterinärmedizin, wennste verstehst, wat ick meine, dann gibts Betrieb. Kannst noch 'ne Boulette haben. Macht meine Frau selbst. Schmecken jut, wa? Und was man hier an die Theke so mitkriegt... du, das wird noch mal 'ne richtige Goldgrube hier.«

Eine Goldgrube ist die »Reiterhütte« nie geworden, aber eine kleine, gutgehende Gastwirtschaft. Nur Willi Schirzke hatte nichts mehr davon. Er mußte sich bald eine andere Arbeit suchen, nicht zuletzt, um die Schulden zu tilgen.

In Düppel machte die Medizinische Tierklinik Fortschritte. Wurden vom Oktober 1951 bis zum Jahresende noch sechs Pferdepatienten stationär betreut, so waren es 1952 bereits dreiundneunzig. 1954 entstand auf dem alten Gutshof die Klinik für Pferdekrankheiten der Freien Universität. 1958 lösten die Amerikaner ihre Reitereinheit endgültig auf. Die Klinik bekam weitere Stallungen und Räume dazu. Ein Teil der Tribüne der Reithalle wurde zum Auditorium für sechzig Studenten. 1960 konnten zweihundertsechzig Pferde stationär und achthundertachtundfünfzig ambulant behandelt werden.

Schließlich fiel 1974 das lange alte Stallgebäude des Rittergutes Düppel, das mit seinen Rundbögen und Verzierungen in der Stadt wohl einmalig war, der gnadenlosen Spitzhacke zum Opfer. Weitere Gebäude Zehlendorfer Geschichte und märkischer Bauweise mußten nüchternen, häßlichen Neubauten weichen. Das zur Verfügung stehende Geld reichte nicht, die vier historischen Insthäuser mit den dazugehörigen Ställen zu erhalten oder zu renovieren. Selbst das unter Denkmalschutz gestellte Gutshaus erlitt schwere Schäden, als Mitte der achtziger Jahre zum zweiten Mal in Düppel am Königsweg eine große Reithalle niederbrannte. Aus ungeklärten Gründen, hieß es. Die fast neunzig Jahre alte Frau Strehlow aus Düppel glaubte wohl nicht so recht daran. An den schwelenden Trümmern stehend murmelte sie: »Wenn was im Wege steht, findet sich immer eine Gelegenheit, um Platz zu schaffen.«

Auf dem Weg zu den Pferdeställen sprachen Kramer und Mielke mit keinem Wort über das plötzliche Auftauchen von Alfred Gutschke. Sie redeten in dieser Zeit ohnehin kaum von Politik. Vor einigen Wochen hatte Mielke Karl erzählt, daß sein jüngster Sohn beabsichtigte, Politik zu studieren. »Mensch, Armin, hab ich zu ihm gesagt, es gibt doch so viele andere Fächer. Welcher Politiker hat schon Politik studiert, und welcher Politikstudent wird später wirklich Politiker? Junge, da sähe vielleicht einiges anders aus. Politiker, hab ich zu ihm gesagt, das sind doch meistens Leute, die entweder nach Macht streben oder wahnwitzige Ideen verwirklichen wollen wie der Hitler. Oder, hab ich gesagt, das sind Versager auf anderen Gebieten. Rechtsanwälte, die es zu nichts gebracht haben, oder Leute, die in der Wirtschaft und in der Wissenschaft nicht Schritt fassen konnten. Stimmt das nicht, Karl? Regiert wird die Welt doch nicht von Politikern, sondern von den hinter ihnen stehenden Wirtschaftsbossen, die ja auch viel schlauer und gewitzter sind. Politiker, das sind Menschen, die gelernt haben, viel und überzeugend zu quatschen und Gesetze und Abkommen zu unterschreiben. Wenn sie dafür zur Verantwortung gezogen werden sollen, sind sie schon wieder weg vom Fenster. Du mußt was studieren, womit du in die Wirtschaft oder Wissenschaft kommst, hab ich ihm gesagt. Aber rede mal, wenn einer so stur ist. Ist doch so, Karl?«

»Gibt überall solche und solche«, hatte Karl geantwortet. »Es kommt doch darauf an, was du unter einem Politiker verstehst, Alwin. Kannste nicht verallgemeinern. Gab einen, der war vorher Sattler und 'nen anderen, der war Anstreicher. Was soll's also, Alwin?«

Das war ihr letztes Gespräch über Politik gewesen.

Der Ringtausch

Seitdem Hans Kramer mit seiner Familie in der Siedlung am Heinrich-Laehr-Park in Zehlendorf-Süd wohnte, benötigte er kaum zehn Minuten, um vom Pförtnerhaus des Betriebes zu seiner Wohnung zu kommen. Die Siedlung war im Anschluß an das Hospital Schönow zwischen 1927 und 1930 auf einem Teil des früheren Laehrschen Grundbesitzes erbaut worden. Die Wohnungen wurden den heutigen Ansprüchen durchaus gerecht. Zweieinhalb helle, sonnige Zimmer mit Küche und Bad und einem Balkon nach hinten zum Park hinaus. Am 10. Mai 1950 waren sie eingezogen, noch bevor Joachim geboren wurde. Doch sein Werden oder vielmehr der unübersehbare Zustand seiner Mutter spielten eine wesentliche Rolle dabei.

Es war ein Ringtausch. In der Einzimmerwohnung, die der Eisenbahnerwitwe und ihrer Tochter Irma nach dem Krieg zugewiesen worden war, wohnte vorher ein Ehepaar Schulze. Der Mann war ein überzeugter Kommunist. In den dreißiger Jahren hatten ihn die Nazis wiederholt in Arbeitslager gesteckt. Mit dem Beginn des Krieges war Schulze Soldat geworden. Nach dem mörderisch kalten Winter 1941/42 in der Sowjetunion kam er mit abgefrorenen Zehen von der Ostfront zurück. Als Ersatz für seine Zehen durfte er sich mit dem »Gefrierfleisch-Orden« schmücken, der die Aufschrift trug: »Winterschlacht im Osten 1941/42«. Wahrhaftig ein ehernes schwarzes Stück Eisen mit Stahlhelm, Handgranate und dem behakenkreuzten Reichsadler. »War mein einziger Orden«, erzählte Schulze. Wieder in Berlin und »arbeitsfähig«, bekam er einen Sitzplatz zum Arbeiten in einem Betrieb an der Görzallee zwischen Zeiss-Ikon und den Chemie-Faser-Werken, in dem feinmechanische Instrumente für Kriegszwecke hergestellt wurden.

Als der Krieg zu Ende war, gab man Schulze als Verfolgtem des Naziregimes eine Stelle im Zehlendorfer Rathaus. Ihm ging es ähnlich wie Karl Kramer und Otto Grund, die von sowjetischen Offizieren den Rat bekamen, ihre Wohnlauben zu verlassen und in eine der vielen leerstehenden Villen einzuziehen, nur mit dem Unterschied, daß Schulze und seine Frau diesen sicher gutgemeinten Ratschlag annahmen. Sie zogen aus der besagten Einzimmerwohnung in ein größeres Haus. Das ging gut, bis der Winter kam und sie das Haus nicht nur heizen, sondern auch Miete dafür zahlen mußten.

Schulzes zogen wieder um, diesmal nach Schönow in das kleinere Haus des Doktor Soltau, eines sehr aktiven Nazis aus den Chemie-Faser-Werken, den die Sowjets in ein Straflager gebracht hatten. Auch dieses Haus war den Schulzes bald zu groß. Später erzählte er, daß sie sich überhaupt nicht wohl gefühlt hätten in den Räumen, in denen die Braununiformierten einmal ein- und ausgegangen waren.

Das Ehepaar fand nun die Wohnung am Heinrich-Laehr-Park. Hier wohnten sie bis 1950. Dann wurde Schulze Rentner. Von seinen früheren Nachbarn erfuhren sie, daß die Frau, die in ihrer alten Wohnung lebte, mit ihrer schwangeren Tochter und dem Schwiegersohn eine größere Wohnung suchte. Noch einmal schaffte Schulze es, den zuständigen Behördenapparat in Bewegung zu setzen. Er kämpfte richtig darum, wieder in die alte Einzimmerwohnung einziehen zu können. Ein Kreislauf, aus dem Kramers am Ende als Nutznießer hervorgingen.

Als Hans nach Hause kam, hatte seine Schwiegermutter das Essen fertig. Er brauchte sich nur noch die Hände zu waschen und an den Tisch zu setzen. Aber erst begrüßte Hans seine Frau, die eben mit dem Aufwischen des hinteren Zimmers fertig war, das er in den letzten Tagen nach Feierabend neu tapeziert hatte. Das Tapezieren hatte er von seiner Mutter gelernt. Um überhaupt das Geld fürs Renovieren der ziemlich vergammelten Wohnung zusammenzubringen, gaben sie den Schrebergarten bei Düppel ab. Die Arbeit da wurde allen zuviel, und der Garten war ohnehin zu weit entfernt. Es war nur Pachtland, die kleine Laube kaum noch etwas wert, aber wegen der vielen Obstbäume brachte der Garten siebenhundert Mark ein.

Während Mutter Hermann und Irma das Essen auftrugen, nahm Hans seinen dreieinhalb Jahre alten Sohn auf den Schoß. »Du wirst nicht Soldat, mein Sohn! Das werden wir zu verhindern wissen, wenn du mal so alt bist und die kommen damit an!«

»Wie kommst du denn jetzt plötzlich auf Soldaten?« fragte Irma verwundert. Sie verteilte die Kohlrouladen auf die Teller. »Du machst manchmal Gedankensprünge...«

»Keine Gedankensprünge.« Hans schob den Kleinen zu ihr hinüber. »Der Bundestag hat gegen die Stimmen der SPD eine Verfassungsänderung zwecks Wiedereinführung der allgemeinen Wehrpflicht beschlossen.«

Mutter Hermann, die sich sonst kaum mal zu politischen Themen äußerte, schüttelte befremdet den Kopf. »Na, haben die denn nicht mehr alle? Nach diesem Krieg?«

»Der kaum zehn Jahre vorbei ist«, nickte Hans. »Nach dem Ersten Weltkrieg haben sie wenigstens noch siebzehn Jahre bis zur Einführung der Wehrpflicht gebraucht.«

»Da kann einem glatt der Appetit vergehen«, sagte Irma.

»Ihr hättet mal ein paar von unseren älteren Kollegen hören sollen, als wir in der Mittagspause darüber geredet haben. Die meinten, wenn der Russe Berlin haben will, dann nimmt er es sich sowieso und schickt die Amis und Tommys nach Hause. Daran kann auch eine deutsche Armee nichts ändern. Dabei haben wir alle mal geglaubt, daß Deutschland genauso neutral wird wie Schweden oder wie die Schweiz.«

»Warum haben die denn die Generäle als Kriegsverbrecher verurteilt, wenn sie jetzt doch wieder gebraucht werden?« fragte Mutter Hermann.

»War doch was anderes, Oma«, winkte Hans ab. »Ist ja keiner verurteilt worden, nur weil er Soldat war oder General, sondern wegen der Verbrechen und Grausamkeiten, die er zu verantworten hatte. Aber wozu so eine Verfassung gemacht wird, wenn man sie dann doch nach Belieben ändert, frag ich mich.«

Irma mühte sich damit ab, Joachim die Kohlroulade schmackhaft zu machen. »Wir haben doch in Berlin eine eigene Verfassung.«

»Das schon«, antwortete Hans. »Aber du siehst ja, was denen da oben das wert ist, 'n Scheißdreck!«

»Hans! Der Junge!«

»Um den ging's ja eben, Oma.«

Die Herrenpartie

Genau so plötzlich, wie Gerhard Kramer damals auf dem Weg zum Jugendhof verschwunden war, genau so überraschend tauchte er im April 1956 zu Hause auf. »Mein Jott, ick dachte jlatt, mir bleibt det Herze stehn!« schrie seine Mutter, als er an einem Nachmittag, so als wäre er nur mal eben für ein paar Stunden und nicht für neun Jahre fortgegangen, in der Küchentür stand und grüßte: »Tach, alle mit'nander! Wie jeht's denn?«

Wo er sich in all den Jahren herumgetrieben hatte, das kam nie vollständig ans Tageslicht. Gerhard erzählte, daß er sich damals in Frankreich bei der Fremdenlegion melden wollte, daß die ihn aber nicht genommen hatten, weil er noch keine siebzehn Jahre alt war. In Marseille wollte er im Hafen gearbeitet haben und später bei Bauern in Süd-Frankreich. »Zwee oder drei Jahre war ick denn im Saarland, bei Saarlouis in der Jejend. Da sprechen die fast alle noch deutsch, wißta.«

Elisabeth schüttelte den Kopf: »Und da konntest du Lauser dir nich mal melden, wo du schon im Saarland warst? Een Brief hätteste uns ja mal schreiben können, dazu wirste ja nich zu dußlich sein.«

»Ooch, dazu war keene Zeit. Denn wußte ick ja ooch nich, wie die Polente sich verhält, ob sie immer noch hinter mir her sind. Und schreiben... französisch kann ick jetzt janz jut.«

»Besser als deutsch, wat?« lästerte Kurt.

Gerhard erzählte viele Geschichten. Und je mehr er erzählte, um so widersprüchlicher wurde alles. Eines Tages, als Gerhard nicht dabei war, sagte Hans zu seiner Familie: »Ich glaube fast, er war für ein paar Jahre irgendwo im Knast und will nicht darüber sprechen.« Dabei ließ man es, und bald stellte keiner mehr Fragen. Gerhard schien damit zufrieden zu sein.

Aber irgendwie und irgendwann mußte die Heimkehr begossen werden. Kurt fand, daß der Himmelfahrtstag am besten dafür geeignet war. So wurde beschlossen: Wir machen am Vatertag eine richtig zünftige Herrenpartie!

Gesagt, getan. Der Himmel war von dichten Wolken verhangen, als sich Hans, Gerhard und Kurt am frühen Morgen, bunt angezogen wie Vagabunden, in der Laubenkolonie trafen. Sie sahen aus, als wären sie geradewegs einer Vorstellung der »Dreigroschenoper« entsprungen. Als Marschverpflegung hatte jeder eine Flasche Schnaps dabei. Ziel des Tages sollte ein Gartenlokal in Kohlhasenbrück sein. Dort arbeitete Irma in diesem Jahr an den Wochenenden und an Feiertagen als Zigaretten- und Süßigkeitsverkäuferin.

Den Weg dahin legten sie noch nicht fest. »Erst mal durch Düppel, dann an der Krummen Lanke vorbei und quer durch den Grunewald!«

»Mensch, trau dir bloß mit dein Been nich zuville zu!« warnte Elisabeth Hans. »Im Jrunewald jeht det doch immer ruff und runter wejen die vielen Hüjel.«

»Muß doch bei der Arbeit auch den ganzen Tag rumrennen«, winkte Hans ab.

In Düppel besuchten die drei Brüder erst einmal ihren Vater und seine Kollegen im Pferdestall. Mielke brachte Gläser. »Hoffentlich ist euer Fusel nicht zu schlimm.«

Als sie mit ihren geschmückten Stöcken und Regenschirmen weiterzogen, meinte Kurt: »Eene halbe Pulle ist schon leer! Hoffentlich reicht det bißchen, wat wir noch haben.«

Gerhard teilte seine Bedenken: »Der Tach ist noch lang. Zum Jlück jibt's ja jenüjend Lokale.«

»Hier im Wald? Da müssen wir aber geradewegs bis zum Kaiser-Wilhelm-Turm hoch.«

»Bis dahin reicht der Sprit!«

Sie sangen, wenn auch nicht schön, so aber doch froh und lautstark. Wenn sie Frauen oder Mädchen trafen, machten sie verächtlich: »Buuuhhhh!« Und immer wieder feuchteten sie ihre Kehlen an. In der Nähe der Saubucht schmetterte ein helles Trompetensignal durch den Wald. Kurz darauf trafen sie mit einer anderen Vatertagsgruppe zusammen. Nach einem Begrüßungsschluck, großem »Hallo!« und »Weg von Muttern!« kamen sie am Grunewaldturm an. Der Trompeter stieg nach oben und blies von der Plattform über die blaue Weite der Havel: »Wir wollen unsern alten Kaiser Wilhelm wieder hab'n, aber den, aber den, aber den mit'm Bart!«

Ein paar gemeinsame kühle Mollen, dann wollten die anderen in Richtung Schildhorn weiterziehen, während die Brüder Kramer Wannsee zum Ziel hatten. »Nun ist jrade noch eene Pulle übrig, und es ist noch lange nich Mittag!«

»Ja, det Zeug verbraucht sich!«

Durch den losen Sand zogen sie an der Havel entlang, wurden dabei langsam müder und stiller. Sie kamen an der Halbinsel Schwanenwerder und am Strandbad Wannsee vorbei und waren endlich am Bahnhof Wannsee, wo sie sich hungrig und mit schmerzenden Füßen in einem Lokal niederließen. Die Kellner waren es gewohnt, am Himmelfahrtstag nicht nur Ausflügler aus der Stadt, sondern auch die leicht schwankenden Väter und Möchtegernväter zu bedienen.

Nach gut anderthalb Stunden wanderten sie weiter durch die Wannseer Villensiedlung und an den kleineren, aber nicht weniger schön gelegenen Seen entlang bis zum Dorf Stolpe. Und dann endlich, am Stölpchensee, war wieder ein Ausflugslokal.

»Der Himmel sieht aus, als würde es jede Sekunde lospladdern! Jehn wa lieber rin.«

Welche Überraschung und welches »Hallo!« als sie im Lokal ihren Vater trafen, der gleich nach Beendigung der Vormittagsschicht mit seinen Kollegen hierhergefahren war zum Skatspielen »im Jrünen«. Einer der Pferdepfleger besaß einen DKW. Mielke spendierte den dreien eine Runde Bier mit Korn. Hans ließ sich nicht lumpen und revanchierte sich.

»Denn woll'n wir mal weiter, vielleicht schaffen wir's noch vorm Rejen bis Kohlhasenbrück!«

»Da habt ihr's ja nicht mehr so weit!«

Sie blieben jetzt auf der durch den Wald führenden Straße.

Als sie die Treppe neben der Teltow-Kanal-Brücke zum gut besuchten Gartenlokal hinabstiegen, fielen die ersten Regentropfen.

Irma, die in einer schmucken hellblauen Uniform mit ihrem Bauchladen von einem Tisch zum anderen ging, wo hauptsächlich Zigaretten und Zigarren, aber auch mal eine Tafel Schokolade verlangt wurden, sah ihren Mann und ihre beiden Schwäger schon von weiten. Sie hörte, wie ihr Chef, der ausgerechnet jetzt in ihrer Nähe war, zu jemandem sagte: »Ach du meine Jüte! Da kommen ja noch so'n paar halbe Schnapsleichen!«

Rasch bediente Irma einen Kunden und verschwand im hinteren Teil des ausgedehnten Gartens, der sich bis zu den Bootsliegeplätzen am Griebnitzsee erstreckte.

Wegen des stärker werdenden Regens steuerten Hans und seine Brüder gleich den Saalbau hinter dem Wirtshaus an. Hier fanden sie Platz inmitten einer anderen Vatertagsgesellschaft. Nach dem dritten Bier und ebenso vielen Schnäpsen war Hans nicht mehr ansprechbar. Er erkannte nicht einmal seine Frau, als sie die drei nun doch kurz begrüßen wollte. Sie sagte: »Na, dann seht mal zu, wie ihr ihn wieder nach Hause schafft.« Da lag Hans aber schon mit dem Kopf zwischen den Gläsern und Aschenbechern auf dem Tisch, und Gerhard sagte zu Kurt: »Laß ihn man pennen, denn is er nachher schneller wieder bei'nander.«

Hans wußte später auch nicht mehr genau, wie er gegen Abend, von seinen trinkfesteren Brüdern gestützt, durch den Düppeler Forst bis an die Potsdamer Chaussee gekommen war. Irma erzählte ihm am nächsten Tag, als er wehmütig die beiden großen Blasen an seinen Füßen betrachtete: »Ich saß mit meinen Kolleginnen ausgerechnet in dem Bus. Und da kommt ihr Saufsäcke hinter dem Bahnhof Wannsee auf den Hosenböden die Böschung vom Wald zur Bushaltestelle runtergerutscht. Eine Kollegin erkannte euch gleich wieder und meinte: Da scheint der lange Dünne ja wieder 'n bißchen nüchterner geworden zu sein. Der war nämlich völlig am Ende.«

Hans holte ein feuchtes Handtuch aus dem Badezimmer und sagte: »Die Sauferei muß mich irgendwie beflügelt haben, denn ohne hätte ich diesen langen Weg wohl kaum geschafft.«

Wenn die Sonne höher steigt

Es ging aufwärts in den Chemie-Faser-Werken in Zehlendorf. Die Produktion lief auf vollen Touren. In Westdeutschland sprachen sie vom »Wirtschaftswunder der fünfziger Jahre«. Die Politiker überschlugen sich vor Begeisterung und klopften sich dauernd selbst lobend auf die Schultern. Dabei war dieses Wunder nichts weiter als die natürliche Folge eines absoluten Tiefstandes nach dem Krieg. Viele Menschen besaßen nichts, oft nur das nackte Leben. Der Nachholbedarf und der Wille zum Neubeginn, zum Wiederaufbau waren gewaltig. Folglich wühlten sie sich überall von unten nach oben, die Industrie mit Hilfe des Marshall-Planes. Aber ein Wunder?

Es gab Ende der fünfziger Jahre Leute, die sagten: »Wenn dieser Aufschwung einmal zu Ende ist, wenn die Bevölkerung mit dem Notwendigsten versorgt ist, dann werden die Unternehmen weiterhin auf die heutigen Steigerungsraten bauen. Der Markt wird voll sein, und sie werden ihre Produkte nicht mehr so reißend los. Folglich werden sie entweder zurückstecken oder die Arbeiter und Angestellten werden es auf diese oder jene Art und Weise ausbaden müssen. Höchstwahrscheinlich werden die letzteren die Dummen sein. Ob man dann immer noch vom Wirtschaftswunder spricht?«

Neue, moderne Zellwolle-Anlagen entstanden in der Fabrik. Die Kunstseide war nicht mehr gefragt, ihre Fertigung wurde eingestellt. Dafür wurde die Perlon-Produktion aufgenommen. Auch in der Autowerkstatt und Transportabteilung hatten die alten Betriebsfahrzeuge ausgedient. Willi Bohnewitz erledigte die Stadtfahrten und Transporte jetzt mit einem nagelneuen Dreitonner-Lastwagen. Doktor Recke fuhr bereits den zweiten neuen schweren Schlitten. Auch die Hof-Traktoren waren erneuert worden. So fielen jetzt auch weniger Reparaturen an.

Eines Tages, als Hans Kramer mit Meister Naube auf einem großen Autofriedhof in Lichterfelde war, wo sie nach einer Lichtmaschine für den alten DKW des Meisters suchten, den er wie ein seltenes Liebhaberstück behandelte, entdeckte Hans eine Reihe schrottreifer Opel-Kapitäne. Ein paar Tage danach fiel im Maschinenhaus der Schutzgas-Motor aus. Das Schutzgas, sie sagten auch Stickstoff, wurde gebraucht, um die doppelwandigen Schwefelkohlenstoff-Leitungen zu isolieren und sicherer zu machen. Das für die Zellwolle-Produktion benötigte SC_2 war eine leicht entzündbare, sehr explosive Flüssigkeit. Als Schutzgas wurden die Auspuffgase eines alten Einzylinder-Kolbenmotors verwendet, die von einem Kompressor abgesaugt und in die Anlage gedrückt wurden. Der Motor hatte schon lange seine Macken. Jetzt mußte Hans an die zu verschrottenden Opel-Wagen denken. Er sprach mit dem Meister darüber.

»Mann, Kramer, das ist ja die Idee!« rief Meister Naube. »Diese Sechszylinder-Motoren sind eigentlich unverwüstbar. Da wären allerdings ein paar Probleme...«

»Wir müßten einen Kompressor finden, der vom Motor mitbetrieben wird«, sinnierte Hans, »und der die Menge Gas verarbeitet, die der Motor abgibt. Sonst bleibt der stehen.«

Der Meister rechnete und fertigte Zeichnungen an. Hans rechnete und fertigte ebenfalls Zeichnungen an. Das Kühlwasser mußte vorgewärmt durch den Motorblock laufen, das war ihnen bald klar. Gemeinsam lösten sie dann auch die Kompressor-Frage. Ende 1957 standen zwei komplette Schutzgas-Anlagen im Maschinenhaus. Einen Motor hielten sie in Reserve. Das war die Zeit, in der Hans Kramer endlich einmal Spaß an seinem Beruf hatte, denn es ging hier nicht um die für ihn ewig langweiligen und dreckigen Reparaturarbeiten, sondern um das Tüfteln, das ihn von jeher begeistert hatte.

In der Zeit danach wurde er zu jeder Tages- und Nachtzeit in den Betrieb gerufen, wenn die Schutzgas-Motoren streikten. Der Meister wohnte in Lankwitz und damit viel zu weit entfernt. So lief Hans manchmal am Sonntagvormittag hinüber in die Fabrik, beseitigte die Fehler, beobachtete die Anlage noch eine Weile und ging dann heim.

Dieses Verhalten fand die Mißbilligung einiger seiner Schlosserkollegen. »Wat flitzte denn immer jleich wie'n jeölter Blitz nach Hause, Junge?« fragten sie ihn verwundert. »Det bringt dir doch so keene Überstunden. Da könnteste doch wat draus machen, det mußte ausnutzen.«

»Und die Familie sitzt Sonntags zu Hause und wartet, was?« antwortete Hans, der seit 1956 auch noch eine Tochter hatte. »Davon abgesehn, habe ich auch noch was anderes zu tun, als hier Überstunden zu schieben.«

So war es! Hans hatte sein Hobby, das er mit ganzer Leidenschaft betrieb. Er machte noch immer Gedichte und Reime. Er schrieb auch auf Wunsch Jubiläums-, Hochzeits- oder Geburtstagsgedichte. Viel lieber aber schrieb er Kurzgeschichten und kleine Erzählungen. Dabei konnte er seiner Phantasie reichlich Lauf lassen. Wenn seine Brüder Gerhard oder Kurt mal vorbeikamen, riefen die: »Seht euch bloß den Langen an, wie der da wieder in seinen Nachschlagewerken rumblättert und uff der Schreibmaschine rumhämmert! Der kennt wohl keenen Feierabend, wa?«

»Das ist sein Feierabend«, sagte Irma dann. »Seine Familie, das Rumbasteln und das Schreiben.«

»Wie eener freiwillig so ville schreiben kann«, meinte Gerhard verwundert. »Ick hab noch nie jerne wat jeschrieben. Aber wenn's een bißchen wat einbringt so nebenbei...«

So nebenbei hatte Hans angefangen, einen Kriminalroman zu schreiben, der Ende der fünfziger Jahre, allerdings sehr verändert und unter einem anderen Namen, in einem Wochenendheft erschien. Das ermunterte ihn, weiterzuschreiben. Bald rückte er von den kleinen gefälligen Kurzgeschichten ab und schrieb Erzählungen, zum Beispiel zum Thema »Halbstarke«.

Kramers Nebenbeschäftigung war auch im Betrieb nicht unbekannt geblieben. Als die Betriebsleitung und der Betriebsrat 1957 eine Drei-Personen-Redaktion für eine Betriebszeitung zusammenstellten, war Hans mit dabei. Er kannte nicht nur den Betrieb sehr gut, sondern auch viele der 1800 Beschäftigten. Nun schrieb er kleine Storys über die Ursachen und über die Vermeidung von Betriebsunfällen. Im März 1958, als die Berliner Verkehrs-Betriebe streikten, verfaßte er eine Reportage über die Möglichkeiten, die Arbeiter und Angestellte suchten, um ohne die öffentlichen Verkehrsmittel in den Betrieb zu kommen. Ein eigenes Auto besaßen nur wenige. Ein Bericht über die Arbeit der Laborantinnen und Laboranten im neuen Perlon-Labor fand die volle Anerkennung der Werksleitung.

Und das gefiel Hans nun überhaupt nicht!

In der nächsten Ausgabe beschrieb er die Zustände in der Kraftanlage und in dem dazugehörigen Kesselhaus. Er nannte die Dinge beim Namen, schrieb von der im Sommer kaum erträglichen Wärme und vom Kohlenstaub. Von der unverbrannten Braunkohle, die der Schornstein über die Umgebung der Firma streute, war die Rede, und er zitierte Äußerungen einiger unzufriedener Kollegen.

Gleich danach hielt ihm die Personalchefin vor: »Herr Kramer, Ihre Aufgabe soll es doch sein, unseren Mitarbeitern den Betrieb, seinen Zweck und seine Möglichkeiten, vorzustellen! Ihre Aufgabe ist es nicht, einzelne Abteilungen in ein schlechtes Licht zu rücken. Was ist nur in Sie gefahren? Ihre Artikel und Geschichten waren doch bisher immer so nett.«

Was sie mit ihren Worten bei Hans erreichte, war genau das Gegenteil von dem, was sie erwartet hatte. Im Mai 1958 schrieb Hans für die Betriebszeitung eine Betrachtung unter dem Titel: »Wenn die Sonne höher steigt.« Darin kamen Sätze vor wie: »Endlich ist er da, der langersehnte Frühling! Wir brauchen von dem knappen Lohn keine Kohle mehr zu kaufen... Was brachten uns die ersten vier Monate des Jahres? Ein heiß umstrittenes Abschlagsystem und ein Osterei in Form einer indirekten Lohnkürzung... Die Chemieanlagen können nicht abgestellt werden, aber sind die Zwölfstundenschichten wirklich noch notwendig? Wann bemühen sich Werksleitung und Betriebsrat endlich um Lösungen? Wenn die Sonne höher steigt, wird eine Arbeitszeit von zwölf Stunden zur Qual! Wenn die Sonne höher steigt, wünscht sich jeder etwas mehr Urlaub...«

Als Hans das Zimmer des neuen Direktors betrat und seinen Artikel auf dessen Schreibtisch sah, ahnte er, was los war. Direktor Klose, der schon unter Dr. Recke Mitglied des Vorstandes war, nahm kein Blatt vor den Mund: »Ihr Geschreibsel hier, Kramer, alles schön und gut aus – Ihrer Sicht. Zwölf Stunden weg! Wollen Sie dann die fehlenden Stunden abarbeiten? Mehr Urlaub! Weniger Arbeit! Dafür aber mehr Geld. Kappes das alles!« Damit schob er Hans die beiden Schreibmaschinenseiten über den Tisch zu und brummte: »Das mit der Betriebszeitung, alles Kappes! Kostet nur unnötig.« Dann griff er zum Telefon und ließ Hans stehen.

Hans ging mit den beiden Seiten zum Betriebsrat. Der Vorsitzende hieß schon lange nicht mehr Strahlau. Der war kurze Zeit nach dem UGO-Erfolg nach Amerika ausgewandert. Inzwischen gab es den »Deutschen Gewerkschaftsbund« auch hier im Betrieb, und langsam stiegen die Mitgliederzahlen, die bei Strahlau einen Tiefpunkt erreicht hatten, wieder an. »Wat haste denn da?« fragte Maxe Grabus, der seine Fahne nun beim DGB hochgezogen hatte. Er las den Artikel und sagte: »Du, det ist jut! Damit haste ins Schwarze jetroffen. Det schicken wir jleich an die Redaktion von unsere Jewerkschaftspost!«

In einer Mitgliederversammlung der Industriegewerkschaft Chemie, die in einem stillgelegten Zwirnsaal stattfand, wurden im Winter 1958/59 die Kandidaten für die nächste Betriebsratswahl vorgeschlagen. Es war nicht so leicht, die notwendige Anzahl von Kandidaten zu finden. Gerade die Leute, die sonst bei jeder Gelegenheit im Betrieb eine große Klappe riskierten, drückten sich vor der Verantwortung. Als die Vorschläge ins Stocken gerieten und als die Stille sogar etwas peinlich wurde, rief Willi Bohnewitz, der neben Hans saß: »Hier, ich schlage den Hans Kramer aus der Autowerkstatt als Kandidaten vor!«

»Biste meschugge, Willi?« entfuhr es Hans unwillkürlich. »Hab doch überhaupt keine Ahnung von dem Kram.«

»Mehr als die da vorn!« Willi stieß ihm den Ellenbogen in die Rippen. »Versuchen wir's doch mal. Wenn du in den Betriebsrat kommst, gibste einen aus, ist doch klar.«

Schon während der Auszählung zeichnete sich ein knappes Rennen um die Spitze zwischen Richard Behrend aus der Produktion und Hans Kramer ab. Hans war ganz froh darüber, daß Behrend die meisten Stimmen bekam und in der konstituierenden Sitzung zum Vorsitzenden gewählt wurde. Auch Hans wurde als Stellvertreter von der Arbeit im Betrieb freigestellt, weil die Angestellten ihm den Vorrang überließen. Er war gleichzeitig Schriftführer. Achtzehn Jahre lang gehörte Hans Kramer dem Betriebsrat der Chemie-Faser-Werke an, in den letzten sechs Jahren als dessen Vorsitzender.

Vierunddreißig Jahre nur

Auf dem Rahmen seines Fahrrads hatte Hans einen Kindersitz angebracht. Erst saß Joachim darauf, jetzt seine Schwester Renate. Der zehnjährige Joachim folgte dem Vater auf seinem eigenen Rad, als sie an einem Sonntagvormittag im Herbst 1960 eine Radtour machten. Lange Zeit schon hatte Hans das linke Pedal des Rades mit einer Lederschlaufe versehen. So konnte er die Kraft, die ihm in dem kriegsverletzten rechten Knie fehlte, stärker auf das linke Bein übertragen.

Wie früher in seiner Kinder- und Jugendzeit fuhren sie einfach drauflos. »Immer der Nase nach«, würde sein kürzlich verstorbener Onkel Otto sagen. Die Blätter der Kastanienbäume in Alt-Schönow waren herbstlich bunt. Das Gras vor den Gärten lag trocken im losen Sand. »Märkische Heide, märkischer Sand...« Auf der Brücke nach Teltow war der Schlagbaum heruntergelassen. Volkspolizisten standen gelangtweilt herum. Und unter der Brücke... Waren das nicht die vielen fröhlichen Kinderstimmen der Süd-Schulklassen vor einer Dampferfahrt... 1936... 1938: »...sind des Märkers Freude, sind sein Heimatland. Steige hoch, du roter Adler...«

Hans konnte nicht ahnen, daß er ein Jahr später, nach dem 13. August 1961, nicht mehr über diese Brücke fahren konnte. Heute radelten sie in der anderen Richtung am Kanal entlang, weg von Schönow, auf die Teltow-Werft zu. Sie machten kurz Rast an der »Haferflockenbrücke«, die schon bald verschwinden sollte. Dort hatte während der Blockade ein Schlosser, der in Ruhlsdorf wohnte, ganze Zentnersäcke mit den begehrten Haferflocken verschoben. Dann hieß es: »Wir treffen uns morgen abend um elf an der Treidelbahnbrücke.« Aber auch Treidelbahnen gab es hier schon lange nicht mehr.

Eine Reihe von Neubauten entstanden an der Sachtlebenstraße. Die Mülldeponie auf der anderen Seite war mit Erde zugeschüttet worden. Kleingärten sollten hierher und auch ein Sportplatz. Drüben, hinter dem Buschgraben, hing an einer der Villen ein rotes Transparent: »Für den Fortschritt im Sozialismus!« Ob die früheren Villenbesitzer da drüben ihre Häuser auch alle zurückbekommen haben, so wie hier in West-Berlin?

Wie ein langsam verfallendes Schloß standen die Reste des Zehlendorfer Schützenhauses zwischen den dickstämmigen alten Bäumen. Der letzte Inhaber betrieb in den Schießständen eine Fahrradreparaturwerkstatt. Seine Frau arbeitete jetzt in den Chemie-Faser-Werken. Auf dem Schützenplatz wuchsen die Schrottberge. Der Ballsaal hinter dem Haus war von einer Bombe getroffen worden. Die Wurzeln junger Bäume suchten in den Mauerresten nach Halt und Feuchtigkeit. An der hinteren Saalwand war noch die blaßrote Farbe zu erkennen, und es gab Reststücke der schmückenden Stuckarbeiten. Genau an der Stelle spielten vor dem Krieg die Tanzkapellen auf den Bällen der Kleingärtner oder der Kaninchenzüchter: »Rosamunde, schenk mir dein Herz…« und »Das kannst du nicht ahnen, du munteres Rehlein du…« Die Blasorchester intonierten »Preußens Gloria« oder den »Badenweiler Marsch«. All das hing in den dicken Ästen der alten Bäume: die Musik, die Lebensfreude der feiernden Menschen, das Parteitreffen am 30. Januar 1933, die hetzenden Rufe der SA-Schläger, das Dröhnen der Flugzeugmotoren und das schrille Pfeifen der fallenden Bomben.

Die Balken des hölzernen Vorbaus waren jetzt angefault, zerfallen. Nirgends war Geld übrig für den Erhalt des Gebäudes. Schief und verrostet vorn an der Machnower Straße die Tafel »Herzlich willkommen!«

Hinter dem Schützenhaus wieder eine Schranke quer über die Straße, Posten mit Gewehren. Dahinter Klein-Machnow im Gelbbraun des Herbstes bis hin zur Hakeburg am Machnower See. Vor der Sperre ein Ami-Jeep und zwei MP's, die ungeniert ihre Kaugummisprache ertönen ließen.

Der Machnower Busch, heute zum größten Teil abgeholzt. Kein Abenteuergelände mehr für die Kinder. Die Kinder waren erwachsen und betraten das Grenzland zwischen Deutschland und Deutschland nicht. In den Laubenkolonien hingen nur noch die späten Apfelsorten an den Bäumen.

»Fahren wir zu Helmut, Papa, und zu Opa und Oma?«

»Heute mal nicht. Wir müssen ja zum Mittagessen wieder zu Hause sein. Vielleicht am nächsten Sonntag.«

Der Spiel- und Festplatz der Laubenkolonie. Es gab sie wieder im Sommer, die Laubenpieperfeste und im Herbst das Erntedankfest. Wo war die Schaukel mit den weißen Schiffchen? »Komm auf die Schaukel, Cousine, ick zahl ooch den Groschen dafür...« Seine erste Liebe, als er zwölf Jahre alt war. Sein Gespartes ging restlos drauf mit der Cousine auf der Schaukel, nur um sie lachen zu hören und ihre Röcke wehen zu sehen.

Der schmale Weg entlang der Bahnstrecke bis zum Bahnhof Düppel. Ein S-Bahnzug pendelte alle halbe Stunde zwischen Zehlendorf und Düppel hin und her. Kaum noch zu erkennen die Unebenheiten auf den brachen Feldern, wo im Krieg die Flakstellungen waren. Die vielen Bombenkrater, aber sie sangen bis zum bitteren Ende: »Bomben auf Engeland...« Archäologen begannen auf dem Feld am Düppeler Fenn mit Ausgrabungen, denn Tonscherben, die ein Zehlendorfer in einem Bombentrichter fand, lassen vermuten, daß hier um 1200 eine Siedlung stand. Die Geschichte Ur-Zehlendorfs soll erforscht werden.

Hinter dem Bahnhof Düppel immer noch die weiträumig angelegte »Eisenbahner-Kolonie«, älter als die Kolonie »Feierabend«. Erinnerungen an Onkel Robert, den Nazi-Gegner und Spanienkämpfer: »Vorwärts, Internationale Brigade!« Vermißt, wahrscheinlich war er lange schon tot. Vermißt auch seine damalige Freundin Minna Maleike, die 1947 zum Hamstern in die Sowjet-Zone fuhr und danach nie wieder auftauchte. Elisabeth meinte damals: »Minna, die ist helle, die hat sich besimmt irjendwo so'n ollen Bauern jeangelt!«

Der alte Königsweg führte vorbei an dem Zehlendorfer Waldfriedhof, angelegt als Ersatz für den großen Berliner Friedhof draußen bei Stahnsdorf in der Ostzone, der einmal von Wannsee aus mit der Bahn zu erreichen war, von den Berlinern die »Totenbahn« genannt. Die größte Beerdigung auf dem Waldfriedhof bisher war die des Regierenden Bürgermeisters Ernst Reuter am 29. September 1953. »...Die Welt schaut auf diese Stadt...«

An der Autobahnbrücke kehrten sie um. Der Wald dahinter war nicht zugängig, militärisches Sperrgebiet. Geredet wurde von einer kompletten amerikanischen Panzereinheit, die im Wald zwischen der Autobahn und dem Jagdschloß Dreilinden versteckt sein sollte. »Da drin steckt die Sicherheit Berlins!« Gesehen hatte sie aber noch niemand. Der Zaun war hoch.

Noch einmal den Königsweg hinauf bis nach Düppel. Wie lange existierte diese durch Düppel führende holprige Pflasterstraße wohl schon? Seit der Zeit des Preußenkönigs Friedrich? »Friedericus Rex, unser König und Herr, der rief seine Soldaten allesamt ans Gewehr...« Preußen! »Majestät, eine Meile noch bis zum Pferdewechsel in Zehlendorf!« Die hohen Räder der Kutsche polterten über die runden Steine. »Laß Er nur zufahren!«

1945 wurde Preußen faktisch und am 27. Februar 1947 auch gesetzlich von den Siegermächten des Zweiten Weltkrieges aufgelöst. Hans fragte sich unwillkürlich, ob das überhaupt möglich war, ob man den Namen Preußen einfach so mit einem Federstrich wegwischen konnte? Als Land vielleicht, obwohl es die preußische Monarchie seit der Novemberrevolution 1918 gar nicht mehr gab. Was hatte das »Dritte Reich« überhaupt noch mit Preußen zu tun gehabt? Hitler war kein Preuße, sondern ein Österreicher, auch wenn er am 21. März 1933 behauptete, erst jetzt hätten sich die von Friedrich dem Großen angestrebten Ziele voll erfüllt. Im Gegensatz zu der Zeit, als Hans die Potsdamer Garnisonkirche besuchte, wußte er nun, daß das nichts als Redensarten waren.

Hans kannte das Stück Pflaster des Königswegs erst seit 1927. Der schwarzhaarige Junge mit dem Mädchenrock im Vorgarten. Eine Artillerie-Einheit der Reichswehr von Potsdam kommend. Schlittenfahrten für die Kinder der auf dem Hof Beschäftigten im Winter den Königsweg entlang bis in die Wälder. Fuchsjagden mit den Hundemeuten. Bekannte Schauspieler auf ihren Pferden. Rita Serrano: »Roter Mohn...« Und die Aufnahmen für den ersten Film »Krach um Jolante«, als Elisabeth noch ein junges Mädchen war. Der Milchwagen des alten buckligen Herrn Rehse, zwei Sitze hinten, und Gerhard knallte mit dem Hinterkopf auf die Pflastersteine. Ein Lastwagen voller SA-Männer, die zum Schießplatz fuhren, angeführt von Alfred Gutschke: »Die Fahne hoch...« Wie lässig er die Daumen hinter dem breiten Koppel stecken hatte und die restlichen Finger davor: »Heil! Sieg heil! Heil Hitler!« Der dichte Staub verschluckte sie. Die Pferdegespanne der Sowjetarmee, müde Soldaten. Wie lange waren sie unterwegs, wie lange weg von der Familie, der Heimat? »Frau, komm!« Die weißen Helme und Handschuhe der MP auf den Pferden. Corporal Jerry Brown, Militärpolizist auf dem Königsweg bis hin zur Grenze des Bezirks, der Stadt, der Sektoren: »Hello, Jerry! Hello, Sid! Sam!« Und die Reiter denken: «These damn' Germans! Idiots!« – »Dreh doch mal det Radio lauter! Det freut die Amis doch!« Tschoo Tschoo, Tschi-Boogie...

Die Leute haben sich nicht geändert in Düppel in diesen vierunddreißig Jahren. Sie sind nur vierunddreißig Jahre älter geworden, wenn der Faschismus und seine Folgen sie nicht dahingerafft haben. Und die sich verändert haben, die leben längst nicht mehr hier in den alten, schlecht beheizbaren, dunklen Insthäusern.

Die Autos der Lehrer, der jungen Tierärzte und der Studenten kamen von der Potsdamer Chaussee her auf den Hof. Und dann war es still auf dem Königsweg zwischen den Häusern und der Reithalle, so still, daß Hans das feine Singen des Windes in den Bäumen, das klickernde Herabfallen der Eicheln und dazwischen das Anfahren der fernen S-Bahn hören konnte. So war es heute an dem herbstlichen Sonntagvormittag, und so war es damals, als Großvater in Düppel hinten vor dem Holzschuppen Holzpantinen anfertigte, damals vor knappen vierunddreißig Jahren...

Inhalt

Berlin literarisch

Karla Höcker: **Die Mauern standen noch**
Preisgekrönter Roman der Berliner Kriegs- und Nachkriegszeit

Adalbert Georg Schramm: **Heiteres vom dritten Hof**
Ein Blick in das Herz des Berliners

Sling: **Der Fassadenkletterer von „Kaiserhof"**
Berliner Kriminalfälle aus den zwanziger Jahren

Horst Kammrad: **Düppeler Geschichten**
1945 - 1960

Erdmann Graeser: **Spreelore**
Altberliner Roman

Karla Höcker: **Beschreibung eines Jahres**
Berliner Notizen 1945

Erdmann Graeser: **Koblanks** und **Koblanks Kinder**
Roman einer Berliner Familie in zwei Bänden

Eberhard Cyran: **Das Schloß an der Spree**
Die Geschichte eines Bauwerks und einer Dynastie

Gustav Sichelschmidt: **Weihnachten im alten Berlin**
Texte und Bilder

Herta Zerna: **Lieder aus der Laubenkolonie**

Gereimtes und Ungereimtes für gutes und schlechtes Wetter

Die Sprache „Berlinisch"

Wilhelm Franke: **So red't der Berliner**
Ein lustiger Sprachführer

Peter Schlobinski: **Berlinisch für Berliner und alle, die es werden wollen**

Peter Schlobinski: **Berliner Wörterbuch**

Luise Lemke: **Was lernt uns das?**
Lebensweisheiten auf berlinisch

Luise Lemke: **Berlinericks**
Lauter lustige Limericks aus, um und über Berlin

Luise Lemke: **Det schmeckt nach mehr**
Küche, Kochtopp und Jemüt

Jonny Liesegang: **Det fiel mir uff**
Schnafte Geschichten und dufte Bilder

Gustav Lemke: **Wie eiskalt ist's im Hemdchen**
Ein Berliner kiekt Theater

Franz Lederer: **Ick lach' ma'n Ast**
Sprache, Wesen und Humor des Berliners

Adolf Glaßbrenner: **...ick kann det! sagt Herr Buffey**
Berliner Humoresken

arani-Verlag
Potsdamer Straße 199 · 1000 Berlin 30
Telefon (030) 216 50 61